改訂新版

塩漬けになった
不動産を優良資産に
変える方法

不動産カウンセラー／不動産鑑定士
相馬耕三
SOHMA KOHZO

幻冬舎
MC

はじめに

『塩漬けになった不動産を優良資産に変える方法』を刊行したのは、２０１４年３月のことです。

それから６年の間に、不動産を取り巻く環境はめまぐるしく変化しています。

まず、政府による各種景気浮揚策、日銀によるマイナス金利政策などが実施されました。金融機関は投資用不動産への融資を積極的に行い、大手ハウスメーカーは相続税対策と称して全国都市圏で賃貸アパート・マンションを続々と新築・販売。さらに、不動産会社による貸しビルやホテルの開発ラッシュもあいまって土地の需要が急増します。土地の需要が高まれば当然、地価は上がっていきますが、実際に、２０２０年１月時点の商業地・住宅地の公示地価を見ると、東京圏・大阪圏を中心に顕著な上昇傾向となっています。

しかしその上昇傾向は、中国の武漢で発生した新型コロナウイルス感染症によってまたたく間に変化することになります。世界各地で都市が閉鎖され、各国の経済活動が麻痺状態となり、大きく減退した景気の回復には時間がかかると予想されています。

我が国においても、緊急事態宣言を受け、観光業界、飲食業界を中心に大打撃を受けていますが、不動産業界もそれらの業界と密接に関わっています。

今後、景気がさらに悪化することになれば、不動産価格が暴落することも十分に考えられます。

そもそも、不動産の価値や有用性は、その時々の経済環境などによって刻々と変化するものです。資産運用や節税などの目的で不動産を購入したものの、いつの間にか税金を食うだけのやっかいな資産になってしまったという話は珍しくありません。株式投資の世界では、含み損ばかり膨らんで売り払おうにも売れない銘柄を〝塩漬け株〟などといいますが、同じような状態の建物や土地も、不動産には数多くあるのです。

「本当は売るか活用するかしたいけれども、どうしたらいいかわからない」といった悩みは、バブル経済の時代に土地や建物を購入し、その価値が下がってしまった不動産オーナーにことさら顕著ですが、オリンピック開催に合わせて土地や建物を購入してきた資産家や、相続税対策として不動産に投資してきた多くの人にとっても、同じ悩みを抱えるリスクがあります。つまり、今持っている不動産が「塩漬け不動産」になりかねないのです。

そんな〝塩漬け〟状態の問題不動産、これから予想される塩漬け予備軍の不動産も、工夫次第で優良な資産に変えることは可能です。

私は不動産コンサルタントとして、さまざまな不動産オーナーの売買や有効活用に関わってきましたが、数年前、1戸当たり7500万円まで売却価格を下げても買い手がつかなかった、東京都渋谷区にある築後40年以上の古い高級マンションを、管理組合を説得して全戸数をまとめて売却することにより、1戸当たり1億5000万円で売却した経験があります。

塩漬け状態の問題不動産を優良資産に変えるには、土地や建物に関する正しい知識・市場動向・法務・税務などの広範な知識をいかに組み合わせるかが重要です。知識の組み合わせ次第で、想像以上の高値で売却し、問題を解決することも、収益性の高い不動産に買い替えることもできるのです。

そこで本書では、不動産の買値と売値の判断の仕方、税理士や弁護士、不動産業者との付き合い方を押さえたうえで、不動産を買い替えて最大限の利益を引き出す方法を紹介します。

拙著をお読みいただき、悩める資産家および投資家がより幸せで豊かな暮らしを手にすることができるなら、著者としてこれに勝る喜びはありません。

2020年8月

不動産カウンセラー
不動産鑑定士
相　馬　耕　三

改訂新版　塩漬けになった不動産を優良資産に変える方法　目次

［第1章］

コロナショックにより多くの不動産が塩漬け状態に！

東京オリンピック開催を目指し購入、建築した不動産の多くが塩漬け状態になっている

２０２０年1月より新型コロナウイルスの人への感染が世界へ拡大したことにより、この夏に開かれる予定だった東京オリンピックが来年夏に延期を余儀なくされました。

日本でも感染拡大に伴い、２０２０年４月16日には全国に緊急事態宣言が発表され、国民の生活および経済活動に多大な影響を与えました。帝国データバンクの調査によると、ホテル・旅行業界、飲食業界などの産業界を中心に約９割の企業で業績に大幅なマイナスの影響が出ています。

特に、今年のオリンピックを目指して多くの企業、資産家たちがホテルの土地購入や建設を進めてきましたが、今般の新型コロナウイルスによるオリンピックの延期で大打撃を受け、既存の中・大手ホテルも稼働率が20％と大幅に悪化しました。帝国データバンク・東京商工リサーチによると、5月初旬の段階で全国約30社の旅館業者が倒産し、今後も大幅に増加するものと予想されています。また、ホテル投資のみでなく、店舗ビル・事業所ビルなどにおいても、テナントの倒産・撤退・賃料引き下げ要請が相次いでおり、特に借

り入れを伴った不動産オーナーは採算の悪化により、しばらく塩漬け状態になるものと予測されます。

持つも損、売るも損で手の打ちようがなくなる

「塩漬け」は投資の世界でよく使われる言葉ですが、不動産業界での「塩漬け」は本来、「瑕疵《かし》のある物件」など市場に出すことができないものを指します。

「塩漬け」といわれる問題不動産となれば、まず市場性の制約から相場水準である正常価格を大幅に下回る特別価格でしか売れません。さらに、銀行や企業などが担保として所有していれば、不良債権の解消のためにはそれらの同意が必要なため、対処のしようがない状態となってしまうのです。

このような不動産の塩漬け状態は全国各地、都市圏郊外の分譲地・別荘地にも見られます。かつて各都心から離れたところの住環境も良く、生活の利便性も高いところには、バブル期には宅地分譲地にしたり、別荘地としての分譲が行われていました。ところがバブル

崩壊後、それらの土地は市場価値が大きく下がりました。人口の減少と老齢化が進むとともに、ますます住宅が都心の一部に集中し、以前から過疎化が進んでいた市町村の土地は価値を失っていくことになったのです。

こうなってしまうと、土地を所有する資産家の力だけで立ち直らせることはできません。いったん塩漬けになった土地は、景気が少し良くなっても簡単に甦らせることはできないのです。

「なぜ、所有している不動産を何の対策も取らずに放っておいたのか」と他人から言われることもあるかもしれませんが、多くの資産家にとっては「手の打ちようがなかった」というのが本当のところでしょう。

上昇していた商業地・住宅地の不動産価格はコロナショックの影響によりどうなるか

2020年3月18日、国土交通省が公表した2020年の公示価格（1月1日時点）は、全用途の全国平均が前年から1・4％上昇し、5年連続のプラスとなりました。商業地は3・1％、住宅地は0・8％と、それぞれ上昇しました。

東京、大阪、名古屋の3大都市圏で上昇が続いたほか、地方4市（札幌、仙台、広島、福岡）でも上昇基調が強まりました。

地方4市を除く地方圏では、訪日客の増加によるホテル需要や駅周辺の市街地再開発などで、全用途平均と商業地が1992年以来、28年ぶりにプラスに転じるなど、全国的に地価の回復傾向が広がりました。

このように国が発表した1月1日時点の地価は、一般的に昨年度1年間の動きを示していますが、全国的にオリンピックへの期待で盛り上がっていたことも相まって地価の上昇および回復傾向が広がっていました。また、建築費についても、2019年は、オリンピックへの期待から各種ホテル等への投資が増えたため、建築コストの上昇が目立ちました。

ところが、前述したように、この1月の新型コロナウイルスの世界への拡大により、日本でのオリンピックが2021年夏に延期を余儀なくされたため、これまでホテル用地の購入、建築を進めてきた多くの投資家・資産家が大打撃を受け、不良資産をしばらくかかえることになりました。

また、ホテル投資分野のみでなく、店舗ビル、事務所ビル等においても、極度の経済不振による収益率の低下により、地価動向はしばらく下落傾向になることが予測されます。

しかしながら、東京都市圏のうち、環八内の商業地は、中・大手の開発業者が、リーマン・ショック時と異なり比較的手元資金の流動性が確保されており、この種の商業地への需要意欲が引き続きあるものと思われるため、しばらくは慎重姿勢が続くものの、地価の回復は早まるのではないかと思われます。

不動産価格に鈍感になってしまった資産家たち

固定資産税など多額の税負担に苦しむ一方で、日本の資産家は不動産の価格については鈍感です。所有していればそれでよし、持っていればいつか価格が上がるものだと思い込んで数十年が過ぎていたのです。自分の所有する土地に賃貸アパートを建てても、人口が減少している日本では需要が減り、アパートの利回りは悪化します。将来、その土地の地価が上がるかどうかわからないのに低利回りのまま、なす術もなく放っておいたのです。

かつて、憧れの高級住宅地であった神奈川県鎌倉市の分譲地の例を紹介します。40数年前、風光明媚な鎌倉に大企業のエリートサラリーマンが多額の借り入れをして、分譲地を買いました。そのときの購入価格は、土地で5000万円、建物を建てて計8000万円ほどの借り入れをしました。今はその借金の返済が終わりかけている時期ですが、物件の価格は当時の半分以下になってしまっています。最高値で坪当たり150万円ほどした地価は、坪当たり40万~50万円程度まで下がり、土地面積80坪で3500万円前後の価値に下がってしまっているのです。住宅地として人気のあった湘南地域でも、大幅に下落してしまいました。

すなわち、40数年前の高度成長期に土地建物込みで8000万円を投下して購入した建物付き分譲地は、ローンの返済金利込みで考えると9000万~1億円かかります。返済後の現在価値は建物が古いためゼロ、土地価格が4000万円以下の価値に下がってしまったわけです。定年退職後の高齢者の多くが財産価値の目減りに直面している現状です。

憧れを持つ人も多い鎌倉ですらそのような状況ですから、地方の駅からちょっと離れているような交通条件の悪い土地では、地域の人口の低下からよりいっそう価格が下がっている状況も多くあります。

不動産を持っているだけで重くのしかかる各種税金

不動産は売っても買っても、持っているだけでも税金がかかります。

本書は不動産をめぐる税金・税務について解説するものではないので税率等について詳述はしませんが、親から相続した場合など、意外と税金の基礎を知らずに払い続けているオーナーもいます。不動産の取得から保有、さらに売却においては、主に次のような税金がかかることを押さえておきましょう。

不動産は単価が高額なだけに、「率」で計算する税金の額も自ずと高くなり、その実額が大きな負担となります。そのため多くの人が購入や売却においても〝二の足〟を踏んでいる感が否めません。

なお、各税率は、国税・地方税各々の管轄のホームページで軽減措置税率も含めて確認しましょう。

〈取得時にかかる主な税金〉

一般に不動産を購入して取得する場合には、不動産取得税や登録免許税、消費税、印紙税などがかかります。そして、相続によって取得する場合には、相続税や登録免許税などがかかり、贈与によって取得する場合には、贈与税や不動産取得税、登録免許税がかかってきます。

①不動産取得税（地方税）

不動産の取得に対して、その不動産の所在地の都道府県が、その不動産の取得者に課税する税金です。ここでいう「取得」には、売買の他に、贈与や交換、建築も含まれます。

②登録免許税（国税）

新築の建物に対する所有権の保存登記の他にも、種々の登記の際にかかってくる税金です。不動産の売買によって所有権が移転した際に、その登記を行うと登録免許税がかかり、借り入れを行った場合には抵当権の設定登記について登録免許税がかかり、さらに、贈与や相続によって所有権が移転した場合にも、その登記について登録免許税がかかります。

③消費税（国税）

土地の取得に関しては非課税ですが、建物の取得や売買に関する手数料については、取引価額に対して課税されます。２０１９年の消費税増税により10％になりましたが、さらに負担の大きい金額が今後、予想されます。

④印紙税（国税）

不動産の売買やローンなどの契約を結んだ場合に、その契約文書に記載した金額に応じて課税される税金です。

⑤相続税（国税）

不動産を相続によって取得した場合、取得時の価額に応じて課税されます。２０１５年には基礎控除の引き下げをはじめとした改正法が施行され、大幅な増税となりました。

⑥贈与税（国税）

不動産を贈与によって取得した場合に、贈与を受けた人は取得時の価額または国が決めた路線価に応じて課税されます。相続税の増税に関連して、贈与税も今後増税に注意する必要があります。

〈所有しているだけでかかる税金〉

一般に不動産を所有していると、毎年、固定資産税と都市計画税がかかります。ただし都市計画税については、かからない地域もあります。

①固定資産税（地方税）

毎年1月1日に、土地や家屋の他、償却資産などの固定資産を所有している人は、その固定資産の価格をもとに算定された税額を支払わないといけません。支払先は、その固定資産の所在する市区町村です。3年に1回、地価公示価格に準じて見直しが行われます。

2021年は、3年に1回行われる評価替えの年にあたり、地方自治体が地元の不動産鑑定士に依頼して2020年の1月1日の地価公示価格をベースに、今般の新型コロナウイルスの影響による地価の動向を見極めたうえで各不動産所有者の固定資産の評価額が決定されます。

不動産を所有すると継続して支払い続ける税金で、かつ評価が上がると税金が高くなるので、仕組みをよく理解しておいてください。固定資産税の税率は原則として評価額の

1・4%、税額計算のもととなる課税標準額は原則的には固定資産税評価額です。住宅用地については、課税標準額の原則として6分の1、新築住宅については、原則として当初3年は2分の1の軽減措置の特例があります。

②都市計画税（地方税）

道路や公園、下水道整備などの都市計画事業に充当するための目的税です。市街化区域内に土地または家屋を所有している人に対して、固定資産税と合わせて納める仕組みになっています。税率は0・3%を上限とするもので、市町村によって異なります。

さらに資産家・投資家の方によりいっそうご理解いただきたいのは、固定資産税は賦課課税方式の税金で、申告によって税額が決まるのではなく、市町村が、一定の形式的な基準によって、税額を計算し、納付書を送ってきます。

送られてきた納付書が、所有者の予想よりもかなり高いと思ったときは、市町村のやることに誤りはないとあきらめないで、市町村の過去の許可資料の開示を要求し、不動産鑑定士等の専門家を使って調査することをおすすめします。

特に、土地面積が大きく、土地の内部に高低差のある土地、宅地にならない土地を含む場合、崖地がある場合等の土地は、市町村が十分に調査しないままで課税している可能性がありますので要注意です。

私が数年前にコンサルティングを行った、首都圏に大きな邸宅を所有する財閥系の名家では、固定資産税を毎年3000万円ほど支払っていましたが、税務当局の過去10年にわたる都税事務所の評価書を調査した結果、崖地・不整形地などの減価要因の見落としといった大きな間違いを見つけ、年間の固定資産税を40％減の1800万円ほどに役所に引き下げさせたこともありました。

このように、税務当局の課税価格に疑問を持った場合には専門家である不動産鑑定士等に調査を依頼することをおすすめします。

売却など譲渡したときにも、所得税や住民税等がかかるため正しい理解を

さらに、不動産を譲渡する際にもまた税金が発生します。取引の契約書に対して印紙税がかかり、またその譲渡によって利益が出た場合には、所得税や住民税が課税されます。

特に不動産を保有する資産家は、売却時にかかる税金について、相続税とともに正しく理解しておく必要があります。5年を超えて保有した物件の売却時と、5年以下の物件の売却時では税率が異なるため注意が必要です。

「譲渡所得金額」は、譲渡による収入金額（譲渡価額）から、その不動産を取得したときの価格や取得に要した費用（取得費）、および譲渡に要した費用（譲渡費用）を差し引いて計算されます。この「譲渡所得金額」から、さらに特別控除の適用がある場合にはその特別控除額を控除して求めたものが、税額計算の基礎とされる「課税譲渡所得金額」です（土地・建物の譲渡損失の損益通算と繰越控除は不可）。

課税譲渡所得金額の計算式は次のとおりです。

課税譲渡所得金額
＝譲渡価額－取得費－譲渡費用－特別控除額

・**取得費**

売却した土地や建物の購入価格（建物は減価償却後）、購入の際の仲介手数料、購入の際に支払った立退料、移転料、購入契約書に貼付した印紙税、登録免許税や登記手数料、不動産取得税、特別土地保有税（取得分）、搬入費や据付費、建物等の取り壊し費用、申告期限後3年以内に譲渡した場合の相続税などがあり、購入時の契約書、領収書によって確認します。

実際の取得費が不明の場合は、譲渡価額の5％となります。

・**譲渡費用**

土地や建物を売却するために要した費用で、売却の際の仲介手数料、売却に伴う広告費用や測量費、売買契約書に貼付した印紙税、売却時に支払う立退料、建物等の取り壊し費用などがあります。

・特別控除

国の政策的な配慮によって設けられているもので、居住用財産を売った場合の3000万円の特別控除や、公共事業のための土地収用等の際の5000万円、特定土地区画整理事業等のための譲渡の際2000万円等の特別控除があります。

また、所有期間が5年超となる長期譲渡所得にかかる税金は、課税譲渡所得金額に、税率を適用して計算します。

税額は、課税長期譲渡所得金額（譲渡収入金額－取得費－譲渡費用－特別控除）をもとに算出できます。

> 所得税額および住民税額
> ＝課税長期譲渡所得金額×20・315％（所得税15％・住民税5％・復興特別所得税0・315％）

所有期間が5年以下の短期譲渡所得にかかる税金は、次のとおりです。

所得税額および住民税額
＝課税短期譲渡所得金額×39・63％（所得税30％・住民税9％・復興特別所得税0・63％）

高齢者ほど高負担、税金の〝火だるま〟で不動産を守る意味はあるのか

不動産を所有することで、どれほど多くの税金がかかっているか、あらためて見て驚かれた人もいるかもしれません。不動産に関する税金は、ただ所有しているだけでも、売却などの処分をしてもかかります。そのため、高額の不動産を所有し、長らく価格下落の憂き目に遭っている人は、まさに〝持つも地獄、処分するも地獄〟と感じる状態にあるはず

です。特に高齢になり、定期的な収入が年金の他になくなってしまい、一方で土地活用も図っていないような人には、その負担が重くのしかかります。

たとえば、都心近郊に80坪程度の更地を持っていると、年間の固定資産税は住宅敷地の約6倍、120万から150万円相当を支払わなくてはなりません。仮に駐車場として貸したとしても、昨今のように若い人が車を持たない傾向が出てくると、駐車場が空いてきて賃料も下がり、固定資産税の持ち出しの様相を呈しているのをよく見かけます。

土地の売却や資産の組み替えに踏み切れないのは、祖父母の世代から受け継いできた不動産を守るべきとの考えもあってのことでしょう。しかし、そのような高齢者の多くは、自分がその不動産を守ることによって、「損」を被っていることに気づきません。本当は気づいているのかもしれませんが、認めたがらないのです。

相続税の増税が資産家にさらに追い打ちをかける

不動産資産家に、さらに追い打ちをかける税制改正がされました。その筆頭格が、2015年相続分から増税となった相続税です。

相続税制の詳細は専門書に譲りますが、ごく簡単に説明すると、基礎控除が引き下げられる一方で最高税率が上がるのです。

基礎控除額については定額控除の額が5000万円から3000万円に引き下げられ、法定相続人数に対する比例控除が600万円×法定相続人の数となります。

また、税率は、従来6段階で設定されていたものが8段階となり、相続税評価額6億円超では55％となります。

これは相続を予定している人にとって、前回の大幅改正といわれた1994年改正時よりも「税負担が厳しい状態になる」というのが一般的な見方です。

特に都心部においては、「持ったまま」で他界すれば、その負担を後世に持ち越すことになります。

「とにかく迷惑をかけたくない」と思っていたはずなのに、結局は大きな迷惑を子ども世代にかけてしまう……、それが、今塩漬け状態の不動産を所有している高齢者が今後、直面するであろう現実です。

不動産は生き物である

不動産そのものは動かすことのできない換金性、流動性に劣るものですが、その価値は経済環境、景気動向、その不動産周辺の環境の変化によって刻々と変化しているのが現実です。

したがって、その不動産を所有している資産家の知恵・工夫次第では不動産の価値を上げ、高く売却し現金化することができます。知恵も絞らず、工夫もせず何もしないときは、経済環境の良いときにも価値を具現できず、タイミングの良い時の換金は不可能です。

そういう意味で、私があらためて実感するのは、「不動産は生き物である」ということです。

たとえば、相続税対策になると思って、多額の借金をして不動産のアパート経営をしても、やがて古くなり家賃が下がり、人口の減少とともに歯抜けの状態となり、やがて、売却したくても売れない塩漬け状態の不動産が、昨今多く見受けられます。

また、昨年大きく新聞に報道されましたが、一部上場の大手賃貸アパート専業のハウスメーカーが施工したほとんどの物件が建築基準法違反の手抜工事により不良物件として財産価値が大幅に下がり、同様に塩漬け状態になってしまった事件がありました。

こうなる前に資産家は、大手ハウスメーカーにその管理を任せきりにせずに、他の不動産コンサル経験のある不動産会社の意見を聞き、景気の良いときに思い切って売却するか、残りの貸借人に退去してもらい、売りやすい更地にして売却するかを生きている間に決断する勇気を持つことが必要と思われます。そういう意味で、不動産を活かすのは、資産家次第で決まるものといえます。

［第2章］

これからの資産家が最低限理解しておくべき知識

資産家に役立つ相続法改正の6つのポイント

2019年7月から相続に関係する法律（相続法）が段階的に変わりました。40年ぶりに改正されたため、その内容について、資産家が最低限知っておくべき事項を紹介します。

①被相続人である夫婦のどちらかが亡くなったとき、残された配偶者が自宅に優先的に住み続けられるように「配偶者居住権」を認めました。

②婚姻期間20年以上の夫婦の自宅の贈与が遺産分割の対象外になりました。

③自分で書く遺言の「自筆証書遺言」の一部である「財産目録」等がパソコンで作成できるようになりました（今までは自署）。

④2020年7月10日から相続人の間で不信感が生じないように、「自筆証書遺言」を法務局（遺言書保管所）で保管する仕組みができました。今までは、相続人が家庭裁判所に持参する「検認」という手続きが必要でしたが、これで相続人間の争いが少なくなることが予想されます。法務局に保管された遺言書は、遺言者が亡くなられた後に相続人等は閲覧が可能となります。手数料は次のとおりです。

・遺言者の保管の申請1件につき、3900円
・遺言者・相続人等の閲覧の申請（原本）1回につき、1700円
・遺言書情報証明書の交付請求1通につき、1400円

⑤長男の妻も一定の条件のもと、財産を取得（金銭請求）することができるようになりました。

⑥故人の預貯金を葬儀費用や医療費など、緊急で必要になるとき、資金として引き出せるようになりました。

資産家に役立つ民法改正の7つのポイント

社会経済の変化に対応するため、実質的なルールの改正を中心として、民法の一部を改正する法律が2020年4月より施行されました。合計200項目程度の改正が行われましたが、資産家が最低限知らなければならない主な7つの項目を簡単に説明します。

①保証人の保護に関して極度額の定めのない個人の根保証契約は無効になりました。根保証契約とは、一定の範囲に属する不特定の債務について保証する契約を指します。

また、公証人による保証意思確認の手続きが新設され、公証人による「保証意思宣明公正証書」の制度ができました。

②瑕疵担保責任に関する規定の見直しを行いました。瑕疵担保責任とは、売買されたものに買い主が知らない欠陥があった場合に売り主が負う責任のことを指します。改正には、「瑕疵《かし》」という曖昧な表現をやめ、「契約不適合」という言葉に変更されました。また、買い主は履行の追完の請求や損害賠償請求、契約の解除、代金減額請求ができることが明記され、買い主の権利・救済手段が整理されました。

③短期消滅時効（1~5年）が廃止され、改正には、「権利を行使することができる時点から10年」という従来の原則的時効期間に加えて、「権利を行使できると知ったときから5年」という主観性を含んだ規定が設けられ、いずれか早いほうの経過によって時効が完成することに簡素化されました。

④定型約款（大量の同種取引を迅速かつ効率的に行うために作成された定額的な取引条項）の規定を新設し、改正民法では、定型約款を契約の内容とする旨の合意があった場合と相手方にあらかじめ表示した場合には、定型約款の条項を相手方が認識してい

なくても合意したものと見なすことできるようになりました。

⑤法定利率が見直され、改正に伴い民事法定利率が年5％から年3％に、商事法定利率の6％は廃止され、同じく3％となりました。

⑥不動産の家賃減額は、請求減額から当然減額へ改正され、すなわち、賃貸住宅に一部使用不能部分が発生した場合、改正民法では、使用できなくなった割合に応じて減額されることとなりました。今後、資産家は、このリスクをよく理解して投資するべきです。

⑦不動産の賃借人の修繕する権利が明文化され、改正民法では、賃貸人が修繕の必要を知っていたにもかかわらず、修繕を行わない場合、賃借人は自ら修繕を行うことができるようになりました。この場合、契約書のなかで修繕権について特約を記しておくとよいでしょう。ただし、賃借人は増改築や耐震工事など、建物の躯体に影響する大規模修繕をする権利は当然持つことはできません。資産家は、今までと異なることを理解し、今後積極的に対応する必要があります。

市場の予測ができないから不動産は塩漬け状態になる

不動産が塩漬け状態になってしまう根本的な原因は、買った後の市場を予測できないことにあります。それもそのはずで、不動産価格の決まり方は非常に複雑であり、プロではない資産家が正確につかむことは難しいからです。

皆さんは自分が所有している不動産についてどこまで詳しく知っているでしょうか？自分の所有している不動産の現状や地番の他、大まかな価値（地価）の額、毎年納付している固定資産税くらいしか把握していない人も少なくないはずです。その地価が収益還元法をはじめ、どういう計算式で弾き出されるのか、なぜ地価が上がったり下がったりするのか、また、細かなことですが固定資産税の負担水準は課税明細書のどこに書かれているのか、となると「?」となってしまうのです。

そこでこの章では、まず不動産価格がどのようにして決まるのか、将来の不動産価格を予測するためにはどんな要因・情報を踏まえたらよいのか、など主に価格面に焦点を当てて解説していきます。なぜなら、今後の不動産の有効活用において何より重要なのが不動産の現在と将来の価格を把握し、予測することだからです。

第1章でも述べましたが、不動産資産家は土地や建物の価格の動きについて鈍感すぎるきらいがありました。そのため何の対策を打つこともできず、不動産は塩漬け状態になり、結局は損を被ってしまうのです。

「一物多価」の不動産価格

では、皆さんが所有する土地の価格はどのような基準で決まっているのでしょうか。日本の地価は欧米と異なり複雑で、「一物四価」とも「五価」とも「六価」ともいわれます。どれも間違ってはいないので、「一物多価」という言い方もできます。そのなかで、主な基準を挙げると、次の4つの価格があります。

①地価公示価格（公示地価）

国土交通省の指導のもと、不動産鑑定士の集まりである土地鑑定委員会が調査・評価し、公示する地価です。毎年1月1日が評価基準日であり、3月下旬に国交省から公示されます。

具体的には、都市とその周辺部に標準地を選び、一つの地点について2名の不動産鑑定士が別々にその土地の地価を調査して評価します。その際には、不動産鑑定士が直近の取引事情や収益性なども加味するので、いわば国から発表される公的な土地評価の基準ともいえます。この公示価格は相場水準よりも1割程度固めの価格といわれています。

公示価格は、1月1日時点の価格ですが、前年度の推移に基づいた価格ですので、相場水準を把握するのに役立ちます。

②**基準地価**（都道府県地価調査基準地価格・都道府県地価調査結果）

国が発表した地価公示価格をもとに、各都道府県の指導のもと、不動産鑑定士が調査して発表する地価です。毎年7月1日が評価基準日であり、年によって異なりますが、おおむね9月頃に発表されます。この基準地価も相場水準よりも1割程度固めの価格といわれています。

地価公示価格が都市計画区域内を対象にしているのに対して、基準地価は都市計画区域外の林地、山地なども含むことに特徴があります。いわば、全国まんべんなく調査・発表される地価であり、地価公示価格と並んで国内の土地取引価格の目安になっています。

本基準地価も地価公示価格と同様、その周辺の相場水準価格を把握するのに役立ちます。

③路線価（相続税路線価・倍率価格・相続税評価額）
国税庁が毎年1月1日を基準日として評価し、8月頃に発表する地価です。全国まんべんなく評価され、その内容は各地の税務署や国税局でも閲覧できます。

評価は、地価公示価格をもとに、売買の実例の他、不動産鑑定士による評価などを参考にしていますが、実態としては、地価公示価格の8割が目安といってよいでしょう。この路線価は相続税、贈与税などを算定する際の基準となります。

ちなみに「路線」とは道路のことです。すなわち路線価とは、その地点の道路の地価ということになり、路線に面した土地はその路線価が地価を示しますが、道路から奥まった土地（袋地）、細い路地や私道を入った土地などは、一定の割合で減額されます。

この路線価は、相続税・贈与税の計算に基本的に利用されますが、相場水準に比べて2～

3割低いといわれています。ただし、新型コロナウイルスの影響で地価の相場水準が下降局面にあるため、その差は縮小しています。

④固定資産税評価額

各地方自治体が3年ごとの1月1日に見直し、5月頃に公表する地価（評価額）です。

2021年は3年ごとの評価替えの年にあたり、各地方自治体が1月1日の地価公示価格をベースにして、それ以降の状況を参考に決定します。2020年は新型コロナウイルスの影響をどのように反映させるか難しい判断が迫られていました。各役所の固定資産税台帳に登録されるので、確認したい場合は、その台帳を閲覧（縦覧という）できます。

この評価額は国（総務省）の「固定資産評価基準」に基づいて決定されますが、地価公示価格の7割程度が目安と考えていいでしょう。固定資産税、都市計画税、不動産取得税、登録免許税などの算定に利用されます。

この他にも、不動産業者等が地域の取引事例から比較して相場水準として把握した「実勢価格」、不動産鑑定士が顧客の依頼に応じて査定する「不動産鑑定評価額」があります。

不動産鑑定評価額については、国家試験に合格した不動産鑑定士が顧客の依頼に基づいて一定の報酬を得て、個々の不動産を一定の条件のもとに評価する「正常価格」と「特別価格」があります。この評価はすでに50年ほどの歴史を経て都道府県、裁判所等の公的機関、法人・相続税申告等で幅広く利用されています。

細かくなりますが、最近、収益不動産については、欧米の影響を受けて、日本でも取引事例による比準価格よりその個別の不動産の収益性をベースに査定した収益価格が、売買の取引価格に大きな影響を与えています。

公的な土地評価を含め、これほどたくさんの基準や種類があることは複雑すぎてムダが多いと感じています。できれば個別性のある不動産は「あるべき価格」ではなく「あるがままの価格」を重要視して個々人が自己責任で取引する社会が理想なのではないでしょうか。

不動産の「相場」とはどのような要因で決まるのか

では、本当の意味での不動産の「相場」とは何でしょうか。そして、その相場はどのような要因で決まるのでしょうか。

まず「相場」とは、「その不動産の周辺における複数の実際の取引価格から類推できる金額」と考えることができます。本来、その不動産の価格は、実際に取引したときの価格で「いくらか?」を見るべきですが、不動産は一つとして同じものがないので、それができません。そこで、同種の不動産の実際の取引価格から類推できる金額を見るのですが、不動産は換金性が低い資産であるため、実際の取引価格を頻繁にチェックすることは不可能です。ですから、「相場はこのくらいです」という言い方しかできないわけです。

もし、あなたが所有する不動産について近隣の不動産業者に価格を確認してみても、「今、その周辺の不動産は××万円が相場ですから、おたくのマンションは△△万円くらいでしょうね」などと、類推できる金額しか教えてくれないはずです。このように、不動産は価格を事前に決めて売買できるものではなく、売り手と買い手の双方の納得のうえで価格が決まると考えたほうがよいのです。

実務上、多くの不動産業者は近隣の地価公示価格と相場水準等を基準にして、間口が狭い場合は間口減価を行い、傾斜地の場合は傾斜地減価等を行うなど、その土地の特性を加味して物件の価格を算出し、そこから1～2割程度を上乗せして売り希望価格を設定しているのが通常です。

このような状況にあるため、一般的な不動産資産家には、不動産市場、また価格について予測することが簡単にはできないものとなるのです。

さらに、次に挙げるような不動産の価格形成要因が複雑に絡み合うことで、余計に予測が難しくなります。

不動産の価格予測に影響を与える5つの一般的要因

将来の不動産の価格を予測するために、欠かせない要因は何か。もとより換金性に乏しい性質があるので、近視眼的に「上がるかも？　下がるかも？」と一喜一憂してもあまり意味がありません。不動産価格に大きな影響を与える一般的な要因としては、次の5項目が挙げられます。

①自然的要因

その地域が活断層に近い、海岸地近くの埋め立て地帯である、などはリスクとして価格の下降要因になります。逆に高台の南傾斜の丘陵地で、地盤が固い、などの要因は価格の上昇につながります。

②社会的要因

社会的要因のうち最も重要なのが、その地域の人口が増加しているか、減少しているか、ということです。人口が増加していれば価格の上昇要因となりますし、減少していれば価格の下降要因となります。人口の増減にはさらに「自然増（自然減）」と「社会増（社会減）」の二つの要因があります。

日本全体を見れば、人口は社会的な要因が複雑に絡みながらも、総じていうと少子化によって自然減しています。日本は「人口減少社会」と呼ばれるほどです。ですから、特に人口減少の傾向が強い地方では、不動産の価格も総じて下降していくことは誰が見ても明らかでしょう。

その一方で社会的な要因によって、ある地域の人口が全体傾向とは異なる増減を示すこともあります。たとえば、通勤客で昼間の人口が極端に集中する東京都心圏の千代田、中央、港、新宿等の区部は、不動産の価格が上昇傾向にあります。

③経済的要因

日本の景気・経済動向については、毎月内閣府より調査結果が公表されています。これを受けて、日本総研など多くの機関より定期的に経済・政策レポートが発表されます。

2020年1月に公表された内閣府の本年度経済見通しでは、「我が国経済は、雇用・所得環境の改善が続き、経済の好循環が進展するなかで、内需を中心とした景気回復が見込まれる」と予想されていました。

ところが、2020年1月より中国・武漢で発生した新型コロナウイルスの人への感染がまたたく間に全世界に広がりました。日本では4月に全国に緊急事態宣言を出し、階段から転げ落ちるようにコロナショックが走り、日本経済はリーマン・ショック以上の混乱に見舞われました。

2020年6月、日本総研発表のレポートによれば、4~6月期はリーマン・ショック後の2009年1~3月期を上回る大幅なマイナス成長になりました。新型コロナウイルスの影響は徐々に収束し、7~9月期は個人消費が持ち直すことで、景気は回復基調に転じる見通しですが、2020年の経済成長率はマイナス4・3%になると予想されています。

その結果、増加基調にあったオフィス需要は、固定費削減のため、しばらく事業所の縮小など、景気の急速な悪化に連動した需要減とテレワークの定着で空室率は家賃の高い都心のオフィス賃料が1~2割程度落ち込むことが予想されます。その反面、比較的賃料の安い郊外、またはバックオフィスに向いた立地のオフィスは、テレワークの普及で需要が増え、賃料は下がらないと思われます。

このように資産家は常日頃から経済的要因にも目を向けておく必要があります。

④行政的要因

市街地の土地は都市計画法と建築基準法等によって用途・容積を指定する用途地域が設

定され、開発行為が規制されていますが、一般的に容積率が大きい土地ほどマンション・ビル等の高い建物が建てられ採算が良くなるため、土地価格が高いのが一般的です。したがってマンション業者等は競って容積率を大きく取れ、かつ住環境の良い土地を求めるため、その土地の価格が上がっていきます。

また、一定の規制をクリアした規模の大きい土地は、総合設計制度等を利用して行政よりボーナス容積をもらったうえで採算の良い建物を建てられるため、さらに高くなります。反対にボリュームチェック後の容積率の厳しい土地は採算が悪くなるため、土地価格も安くなる傾向があります。

⑤国際的・政治的要因

大きな視点でとらえると、国のリスクが高まれば、その国に流入する人口が減少し、そのことによって不動産価格は下がっていきます。リスクの低い国であれば、流入する人口が増え、その逆の現象が起こります。

香港では一国二制度の存続が危ぶまれ、政治的リスクが増しているため、高値で推移してきた不動産価値は近年中に大幅に下落していくことが予想されます。

また、前述した行政的要因とも絡んできますが、日本のように税制の厳しい国がさらに税制を厳しくすれば、それは人や企業の流出を加速させてしまうので、不動産価格の低下を招きます。


この5つの要因は、いわば大きな流れとして「一般的要因」といっていいものです。そして、その要因は相互に関連しています。たとえば、直接的には「企業の進出が多い」という個別性の強い社会的な要因があり、その社会的要因の背景には「税制が優遇されている」という行政的要因があり、そうした要因によってやがて人口要因につながり人口が増加してくれば「不動産の価格が上昇する」ということです。

今日本では、総人口が減少に転じていますので、基本としては不動産の価格が上昇することはありません。それは全体的傾向としては間違っていないのですが、それが短絡的な見方であることも事実です。一様に下がるというよりも、政治的な要因や行政的な要因によって〝まだら模様〟のなかで下がっていくと見たほうがいいのかもしれません。

一般的な要因に加えて地域的・個別的な要因も影響する

不動産価格の予測のためには、先のような一般的な要因を基本として、「地域的要因および個別的な要因」を見ていく必要もあります。

その一つが「交通接近要因」です。もともと主要駅に近いのか遠いのかをはじめ、新駅が開設されるのかどうか、また、高速道路網の整備によるインターチェンジの設置なども土地価格に影響します。その他に「近隣環境要因」もあります。

最近は商業地も住宅地も、ワンブロック違うだけで相場水準が変わるケースがよくあります。その例としては、特定の不動産の近隣に嫌悪施設があるケースです。あえて例を挙げるなら、その不動産が養豚場や養鶏場など強い臭いのする施設、霊園、火葬場に近接しているようなケースです。その場合、土地価格は下がります。

また、暴力団の事務所に近接している場合も、不動産の価格は下がっていかざるを得ません。これは、嫌悪施設ではなく、嫌悪人物ということにもなるでしょうか。これらの情報は、警視庁や警察署に尋ねるとわかるものです。届けている事務所については教えてくれるからです。もし、そうとは知らずに購入した不動産の場合、売却する際に判明すると、その不動産の価格は大きく下げざるを得なくなります。

一方、その逆のプラス要因の施設もあります。たとえば、高級ブランドのブティックに隣接した商業地の不動産や、高級感のある家に隣接した住宅地の不動産などです。

そうしたことも、不動産の価格に直接的に影響を与えるのです。

将来の最重要課題、ハザード予測

今日、日本の不動産価格に影響する要因の一つである地震・津波・洪水・浸水・土砂災害・火山噴火などの自然災害については、2011年に発生した東日本大震災までは、あまり重要視されておらず、不動産も一般的にその地域の相場水準の時価で取引されてきました。

最近では、国土交通省の指導のもと、各地方自治体がそれぞれ地域別のハザードマップを作成・公表し、災害に備えての対応策を積極的にアピールするようになりました。これらの情報は、誰でもサイトで閲覧することができます。

このことは、実は重要な意味を持っています。不動産取引をするときには、液状化地域に指定されていないかどうか、洪水予想地域に含まれているかどうかなど、ハザードマップから地域危険度を事前に調査することが常識化してきました。

自然災害の危険度の高い地域は買い主より敬遠される傾向があるためその地域の土地価格が下がっていくものと思われます。

したがって、「危険度の高い地域に土地を持っている場合は、可能であれば大幅に価格が下がる前に危険度のより低いエリアに買い替える」「買い主は将来の財産価値を保つためにより危険度の低い地域に買い求める」という傾向が強くなっていくものと考えられます。これから住宅地を買い求める場合は、少し割高であっても、その地域でも低地より高台を、地盤は埋め立て地よりも土地を削った丘陵状の土地を検討すべきものと思います。

これからは、各自治体のハザードマップをサイトで確認することをおすすめします。

たとえば東京湾に面し、埋立地が8割以上を占める浦安市は地盤が弱く、東日本大震災では全国で最も多い8700戸が液状化の被害を受けました。浦安市舞浜の住宅地では、震災から約10年が経過してもブロック塀や側溝がゆがんだままのところが多く、液状化の爪痕が至るところに残っており、不動産取引は敬遠されて取引が成立しないケースが目立っているのが現状です。

不動産価格に最も影響を与える人口の動向

不動産の価格に影響を与えるさまざまな要因のうち、避けて通ることができない最も重要な事項は、将来の人口動向の見通しです。

結論から言うと、長期的に見た場合、基本的に日本の土地は人口の増加している地域および収益性の上昇傾向のある地域を除き、人口減による需要の減少から地価は下がっていくと考えられます。

現在内閣府が発表している資料によれば、日本の高齢化と若年人口の減少から2008年の総人口1億2808万人をピークに本格的な人口減少社会が到来し、2050年には総人口が約30%減の1億人を切ることが予想されています（図表1）。

また、40年後の2060年には8600万人程度になるものと推測され、現在のおよそ3分の2の規模まで人口が減少することが予想されます。

［図表1］ 本格的な人口減少社会の到来

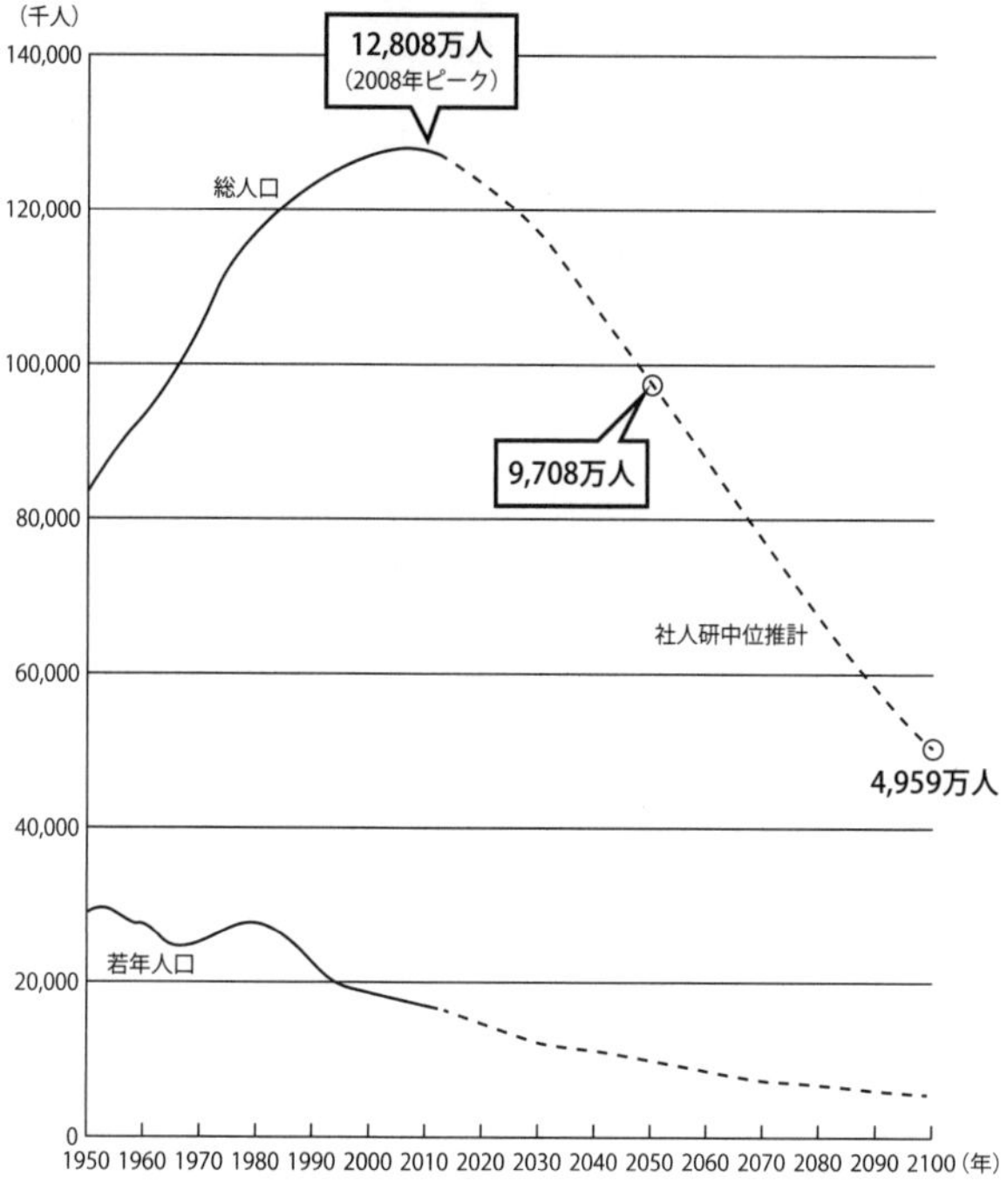

（注）「中位推計」は、国立社会保障・人口問題研究所「日本の将来推計人口」の中位推計（出生中位、死亡中位）。

出典：国土交通省「第二次国土形成計画（全国計画）」（2015年７月30日）より作成

各首都圏を中心に人口の余程減少していない地域を除き、人口が継続的に減少している地元都市近郊の土地の価格は下落していくものと予想され、この地域に不動産を更地のまま保有している資産家は、資産をただ保有しているだけでは安心していられません。

さらに、2020年6月5日に厚生労働省が発表した2019年の人口動態統計では、一人の女性が生涯に産む子どもの数にあたる合計特殊出生率は1・36と4年連続で低下しており、日本の将来の人口減少は確実となっています。資産家は将来のために不動産の所有比率を徐々に下げ、デフレ下現金比率を高めておくことをおすすめします。

つまり、タイミングを見て、そこそこの買いオファーがあれば売却を行う、運用可能な土地は駐車場などで賃貸として活用する、といった検討をしておくことが必要です。

また、財政事情の悪化による税の確保の観点から見ると、固定資産税と相続税の将来の増税は避けられないものだと思います。

加えて、空き家は一貫して増加傾向にあり、この20年間でさらに倍増するともいわれています。特に甲信・四国地方で空き家率の高い県が集中している傾向があり、地価の下落に拍車をかけることが予想されます。

［図表2］ 出生率の推移（厚生労働省 2020 年6月5日発表資料）

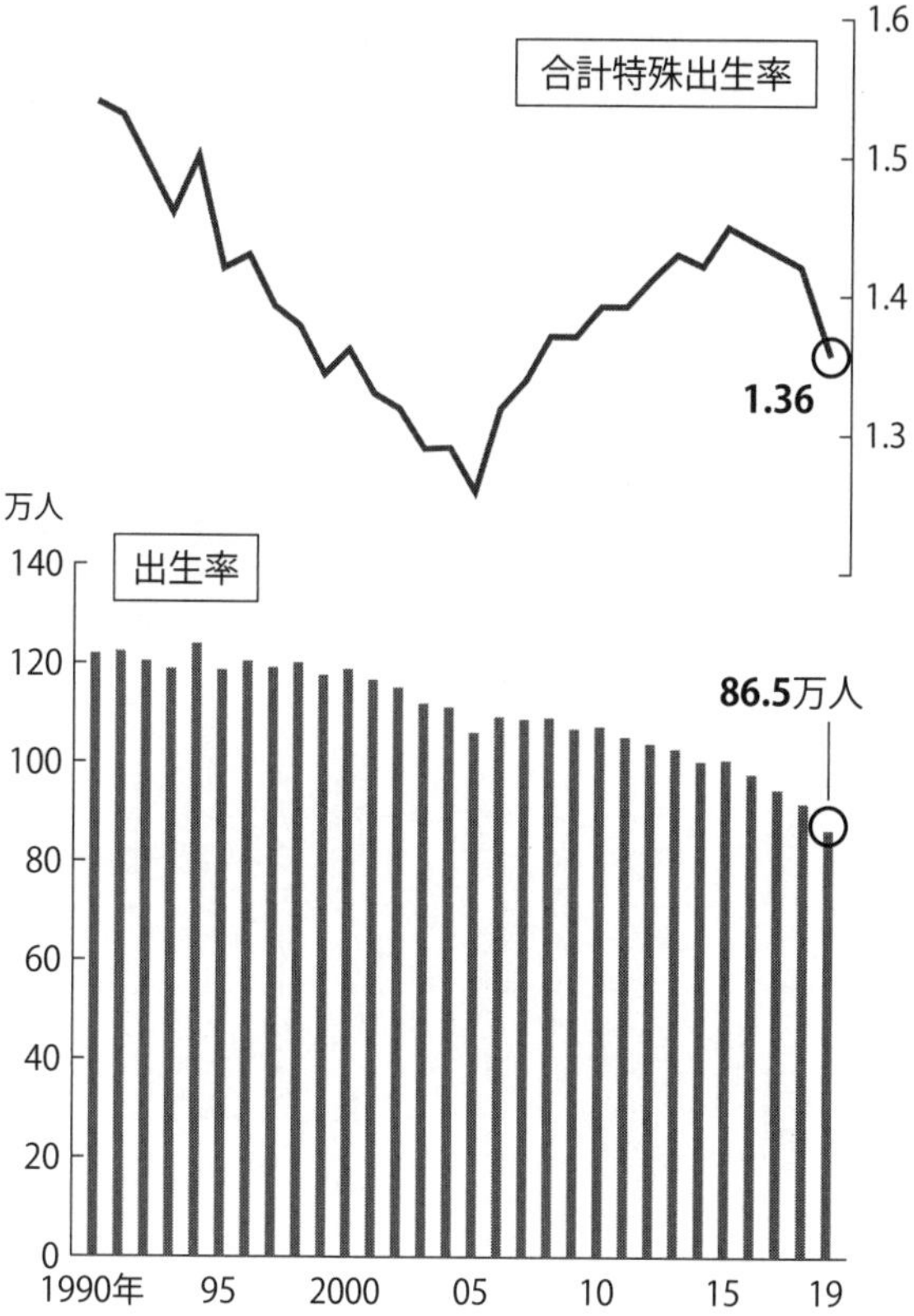

出典：厚生労働省「令和元年（2019）人口動態統計月報年計（概数）の概況」より作成

不動産の最新情報を常に把握しなければ、優良資産は手に入らない

優良資産を手に入れるためには、不動産のさまざまな情報分析が必要です。具体的には過去のさまざまなマクロの不動産情報から、将来の諸要因を分析したうえで、その地域で具体的になった不動産再開発プロジェクト等の有力な個別情報をもとに、資産家および資産家を目指す人は、それらの地域に存在する候補物件に希少性と魅力を感じたら、積極果敢に投資をする勇気が必要です。

その際、重要なことは、市場にすでに出ている物件には魅力があまりなく、日頃から不動産業者からの情報だけでなく、幅広くアンテナを立てなければ、なかなか希少物件は手に入りにくい傾向があるので、日頃から一定のキャッシュとファイナンスを準備しておく必要があります。

特に、日頃からファイナンス力をつけておけば景気の下降する局面に希少物件を手に入りやすい傾向があります。

具体例として、有力情報の集中している首都圏における最新の情報をもとに、今後のマ

ンションの動向、および有力再開発プロジェクトの概略を紹介します。

新築マンションと中古マンションの動向について

不動産経済研究所が2020年4月に発表した「首都圏のマンション市場動向」によると、2019年度の新規供給戸数は2万8563戸と、1992年（2万8460戸）以来の3万戸割れとなり、前年度（3万6641戸）比22％の減少となりました。年度末には新型コロナウイルスの影響も出て契約率も大幅に減りました。

一方、販売単価は、建築単価が高止まりの状態にあり、マーケットでの供給が減少したため、前年度比2・2％の上昇となりました。

これに対し、昨年までのここ数年の首都圏中古マンションの成約件数は、3万戸を超えており、中古が新築を上回っています。これは、地価や建築費の高騰により新築マンションの価格上昇が主な原因で中古マンションの需要が増えたものと思われます。

今般の新型コロナウイルスによる世界的な景気の悪化で、しばらくの間、地価の軟化と建築費の低下傾向により新築および中古マンションの価格も下がることが予想されますので、購入、投資をするタイミングと思われます。

しかしながら、首都圏マンションの中でも比較的交通条件・立地に恵まれた希少物件は新築・中古ともに需要が根強いため、新型コロナウイルスの影響下でも価格の大幅低下は期待できないと思います。

首都圏における主要な再開発プロジェクトについて

首都圏における再開発プロジェクトは、ここ数年港区、中央区、渋谷区などで数多く発表され全国で話題を呼んでいます。

このような地域は、いずれも人口・世帯数ともに年々増えて発展しているため、資産家は事業用買い替え、および投資に適していますので、次の新規再開発プロジェクトをネットなどでよく調べ、分析して、周辺での将来を期待できる優良資産を手に入れることをおすすめします。

①高輪ゲートウェイ駅と泉岳寺周辺におけるＪＲ東日本と都市再生機構（ＵＲ）などに

よる再開発プロジェクト（２０２０～２０２４年竣工）。２０２０年に新駅が開発されただけで周辺の利便性が増え、近隣の貸しビル、賃貸マンションの賃料の相場水準が10％程度上昇しているのが現状です。

②日比谷線新駅「虎ノ門ヒルズ駅」の２０２０年６月開設と国際新都心を目指す「虎ノ門ヒルズ ビジネスタワー」の誕生（２０２０年１月竣工）。森ビルを中心とする元虎ノ門エリアは国家戦略特区に指定されています。

③虎ノ門ヒルズエリアでの「虎ノ門ヒルズ レジデンシャルタワー」の建設（２０２３年７月竣工予定）。

④虎ノ門ヒルズエリアでの「仮称虎ノ門ヒルズ ステーションタワー」の建設（２０２３年７月竣工予定）。住宅棟として日本一の高さ（約２６５メートル）。

⑤虎ノ門・麻布台プロジェクトは、森ビルによって日比谷線神谷町駅の近くに計画されたオフィス・住宅・ホテル・インターナショナルスクール・商業施設・文化施設などを融合させた国家戦略特区に指定された複合プロジェクト（２０２３年３月竣工予定）。

⑥森トラストによる赤坂二丁目都市再生特別地区プロジェクトは、赤坂氷川神社や大名

屋敷跡など江戸文化の名所が点在するところに文化発展型の国際色豊かな施設を中心に開発するプロジェクト（２０２４年竣工予定）。

⑦三菱地所による「東京駅前常盤橋プロジェクト」により金融・ビジネス交流・都市観光機能を融和した国家戦略特区の特定事業（２０２１年４月末Ａ棟竣工予定）。

⑧三井不動産他による「八重洲二丁目北地区第一種市街地再開発事業」は東京駅前のバスターミナルなどの整備と国際競争力を高める各種都市機能の導入を図る国家戦略特区の特定事業（２０２２年８月竣工予定）。また、東地区の市街地再開発事業では、低層階が商業施設、高層階がオフィスの予定（２０２５年竣工）。

⑨東急不動産による大人が楽しめる渋谷をコンセプトに渋谷駅西口に再開発された「東急プラザ渋谷」プロジェクト（２０１９年12月竣工）。

⑩東急電鉄、ＪＲ東日本、東京メトロによる大規模商業施設などの「渋谷スクランブルスクエアプロジェクト」（第1期２０１９年11月竣工、第2期２０２７年竣工予定）。

⑪東急不動産を中心とする渋谷駅桜丘口地区における大規模商業・住宅プロジェクトの第一種市街地再開発事業（Ｃ街区２０２０年５月竣工、ＡおよびＢ街区２０２３年11

月竣工予定）。

新型コロナウイルスによるオフィス需要の影響について

ここ数年、東京都心部や大阪中心部では、オフィスが足りず、空室率は過去最低水準となっていました。賃料も上がり続け、東京では２００８年のリーマン・ショック前の相場に戻っていました。

ところが、新型コロナウイルスの感染拡大に伴う景気の急速な悪化はオフィス需給に影を落としそうな状況になってきました。

日本総研の２０２０年６月発表の資料によれば、これまで増加基調にあったオフィス需要は新型コロナウイルスの影響で減少に転じ、これまでの増員計画をベースにした増床移転の取りやめや、固定費削減のための事業縮小など、景気の急速な悪化に連動した循環的な需要減が避けられなくなったと述べています。

加えて、急拡大しているテレワークもオフィス需要を押し下げていくものと推測されます。

東京都を対象にした調査では、２０２０年４月のテレワーク実施率が５割程度と、新型コロナウイルス流行前と比べ急上昇している結果が出ています。

パーソナル総合研究所の調査によると、新型コロナウイルス収束後もテレワークを継続したいと考える雇用者は5割程度いることから、今後も定着していく公算が大きいと思われます。こうした動きが広がれば、その分のオフィススペースは不要になり、仮にテレワークの継続により1割分のオフィスへの出社が減れば、都心のオフィス空室率は15％近くまで上昇する見込みで、これによってオフィス賃料は2割程度下落するのではないかと予測しています。

「地歴」等がわかって地価が下がったり未利用になることも

個別的な要因になりますが、いざ譲渡等という段階で地歴等に問題があり、不動産価格が相場より大きく下がるケースもあります。

たとえば、東京赤坂で数十年前、有名なホテルの火災で100余名が死亡した事故がありました。その後しばらく売りたくても売れない状態が続き、近隣の相場水準を大幅に下回った価格でしか売却できなくなってしまいました。

また、港区で同じく数十年前に某新興宗教法人の本部ビルに利用されていた不動産がありましたが、ここで殺人事件があったため、その後ずっと借り手がつかず、利用されていない不動産もあります。数年前に建物を取り壊し、とりあえず貸駐車場にしているのが現状です。

このような事件性のある不動産は思い切って建物を取り壊し、土地のお清めをおすすめします。

通常ではわからない「地質調査」で価格を下げざるを得ないことに

地質調査を行った結果、地価が下がることはよくあります。地方の資産家がある土地を処分したいと考えたときに、地質調査をやってみると有害物質が含まれていることがわかり、大きく地価を下げてしまうようなケースです。

こうした例は、プロである私自身はよく見かけますが、非常に個別性が強いケースです。以前、都内のある地域の土地の処分を請け負ったとき、地質調査をするとひどく土壌汚染されていたことがありました。かつてその土地にあった工場では、薬品を垂れ流し状態で使っていたため、売却時にはその土壌汚染の除去費用を見込む必要があったのです。実際の公示地価では周辺地域と価格が変わりませんでしたが、売却するにあたっては、土壌汚染の除去費用を見込んで公示地価の3～4割減となりました。

ただし、路線価には、そのような要因はほとんど反映されません。そのため、購入する人も要注意です。何も知らずに買ってしまうと、売るに売れない塩漬け不動産を持ってしまうことになりかねません。築地市場を豊洲に移転するにあたって、土壌汚染物質除去にかかる莫大な費用が大きな問題になっています。

ちなみに、米国では、そのような土地を誰かが購入して販売した後、買った人がさらに土地分譲をしてマンションが建てられた段階で土壌汚染がわかっても、隠れた瑕疵のある不動産として、その原因を作った大もとの所有者まで損害賠償で訴えられるケースもあり、日本でも同様の場合、今後徐々に問題となるケースも増えるでしょう。

深い知識がないから、業者の話に乗せられて活用方法を間違える

ここまで見てきたように、不動産の資産家にとって不動産市場と価格の予測は極めて難しいものです。そのためか、業者の言うこと、アドバイスを鵜呑みにしてしまい、活用方法を間違ってしまうことがあります。

不動産の有効活用に関しては、今、さまざまな立場の人がアドバイスをしています。そうしたアドバイスには、一長一短があるものです。

たとえば、「未使用地に賃貸アパートを建てて経営すると、節税の相続対策にもなり有効な資産活用ができます」いったことがよく聞かれます。決して税法上間違っているわけではありませんが、どのような土地か、また資産の総合的有効活用の方法、将来の資産価値、その資産家の属性などによって、当然ながら正しいこともあれば正しくはないこともあるのです。

一言で言えば、ハウスメーカーの最終的な目的は、借入リスクを取らないで建物を建てて商売をすることです。

しかし、今儲かるアパートが10年先、20年先も儲かるとは限りません。30年近いローンを組んでしまって10年後に価値が下落してしまったら、どうでしょう。利益は出ない、税金はかかる、でも売れない。まさに塩漬けです。

資産家自身が深い知識を持っていれば、セールストークに乗せられて間違った投資をすることは防げるはずです。しかしすでに何度か述べてきたようにそれは簡単ではなく、後で塩漬けの問題不動産になって初めて、どうしようかと頭を悩ませることが多いのです。

不動産の適正な課税評価を知らずに、税金までムダに払ってしまう

不動産の課税評価の方法をきちんと理解していないばかりに、ムダに税金を払ってしまう例もあります。相続税を例に見ていきましょう。

従来、不動産に相続税がかかるケースは高級住宅地で多かったのですが、2015年の改正後は、首都圏はもちろん、その郊外でも納付しなければならないケースが増えました。

たとえば、「改正前は相続税がかかっていなかったが、改正後にはかかるケースが増えそうな地域」として、比較的地価の高い東京都では町田、国分寺、大泉学園、東久留米、

竹ノ塚、新小岩、神奈川県では溝ノ口、青葉台、中央林間、洋光台、戸塚、大船、鎌倉、逗子、埼玉県では川口、大宮、所沢、小手指、千葉県では新浦安、市川、幕張本郷、柏、我孫子、津田沼、千葉などが挙げられます。

これは、一定の条件をもとに試算したものです。この場合は、

「相続財産として、土地158平方メートルの一戸建て住宅と、約2100万円の金融資産を所有していた」

「自宅を所有する子ども二人が相続人として相続する」

というケースを想定して地域を選定しています。

一般に、「配偶者と子ども二人で法定相続人三人の場合、改正前は相続財産額が8000万円以上ないと基礎控除額を上回ることはなく相続税が課税されない」といわれていましたが、改正後は同じ条件でも「相続財産額が4800万円以上で相続税が発生する」ことになりました。

ここに挙げた数字は間違いや嘘ではありません。

ところが、この計算をした基準そのものに、ちょっとしたカラクリがあるのです。それ

は不動産の相続税の課税評価額を算出する際の基準となる「路線価」です。

相続税法の条文では、課税評価額の計算は「当該財産の取得の時における時価」で計算するとしているだけで、何がその時価にあたるのかについては明示されていません。

相続税の財産評価基本通達では、時価について次のように明示されています。

①路線価が付されている地域→路線価方式で評価
②それ以外の地域→倍率方式で評価

路線価は、土地が接する道路について1平方メートル当たりの価値（1000円単位）が付されています。路線価が付いている地域の場合、単純に、この路線価に土地の面積を掛けた金額が、その土地の相続税評価額になるということです。

一方、路線価が付されていない地域の場合には、その土地がある地域について「倍率」が定められており、単純に、固定資産税評価額にその倍率を掛けたものが相続税評価額になります。

穿った見方をすれば、「土地の評価方法は、その土地の場所により異なる」ということもできます。前述したように、土地の時価にはいろいろな基準があり、一般に知られている方法と実際に評価する金額は異なるのです。このことをよく知る資産家は、相続税評価額の算出の際に、不動産鑑定士による不動産鑑定評価書を示し、「この土地は××の理由で、評価額を××万円で計算した」といった内容を明確にして相続税を納付します。すなわち、このことをよく知っている資産家とそうではない人とでは、仮に同じ不動産を持ち、相続税を計算したとしてもまったく異なる金額になるのです。これが税金までムダに払ってしまうことにつながるわけです。

減価要因の多い不動産については、不動産鑑定評価書をつけることで大きな節税対策になる場合があります。

ケースによりますが、首都圏郊外の土地を多く持つ農家では、相続人一人平均で1000万～2000万円ほど税金が少なくて済むケースが多く、場合によっては6000万円、あるいは1億円も相続税負担が軽くなることもあります。

固定資産税も相続税と同様の面があります。すなわち不動産鑑定士などに正確・適正に鑑定してもらい、それで市町村の担当課に確認し、間違いがあったと認められれば税額が変わる場合があります。

また、通達は法令ではなく、税務上の扱いの基準を明示したものに過ぎません。不動産の時価については、きちんと計算してみないと誰も本当のことはわからないのです。

前述しましたが、都内の財閥系の名家で毎年3000万円も固定資産税を納めていたケースがあります。その資産家から不動産鑑定士である私に依頼があり、調査した結果間違いを見つけ、固定資産税が1800万円に下がったのです。

もちろん交渉では、ただ、「評価一覧表を見せてください」と言うだけでなく、「自分の土地を評価した役所の資料、鑑定評価書を過去10年にわたって調査・分析する」くらいの厳しい姿勢でしっかりと内容を確認し、大きなミスを発見し訂正させました。

もし、そうした対応を取っていなかったら、この資産家は毎年1200万円も余分に固定資産税を納め、大きな損を被っていたことになるのです。

［第3章］

売却と組み替え等で問題のある不動産を生きた資産に変える

古い収益物件を高値で売り抜ける方法

かつては収益を生んでいたアパートなどの物件が、老朽化してきた場合にどうすればいいか。物件を持ち続けてもリフォーム代がかさみます。かといってそのまま売却するには設備も古く、入居者がいる状態では簡単に処分することができません。これはいろいろなところで聞かれる悩ましい問題です。

数年前、相談を受けた例です。文京区本駒込に敷地50坪、建築後30年経過した2階建てアパートを所有し、1階を自宅として住んでいる80代のオーナーのことでした。残りの9戸を賃貸にしていたのですが、そのうち4戸が退室。近くの不動産業者に相談したところ、現在の月額家賃収入が計40万円（年480万円）であるならば、収益物件として5000万から6000万円程度で売却できるので、扱わせてほしいと言われたらしいのです。果たしてこの選択は正しいのでしょうか。

この相談を受けて調査したところ、その土地の更地価格は地価公示ベースで1億円前後だったので、リスクがありますが入室中の5戸の明け渡しをお願いし、建物を取り壊して、更地での売却をおすすめしました。

更地にするには、入居者一人当たり家賃6カ月相当の明け渡し費用で240万円、取り壊し費用200万円、計440万円がかかる計算でした。しかし入居者との明け渡しの交渉時に「オーナーが障害を持った高齢者でアパート経営ができなくなった」とご説明したところ、計190万円の費用で全員退去に同意いただき、更地化後に1億2000万円で一般の方への売却に成功しました。

このオーナーは、不動産業者のいう金額の2倍以上で売れたため、高級老人ホームに余裕を持って入居できました。

このように、老朽化した物件も、そのままの状態で安く売却するのではなく、不動産の専門家に相談すれば工夫次第で高値で売ることができます。

いつまでも少々の出費を惜しんで塩漬け不動産を持ち続けるよりは、潔く支払って高値で売ってしまったほうが賢い選択だというわけです。

古い分譲マンションの一棟売りで売却額が相場の2倍以上に

では、売却の対象が資産家所有の賃貸アパートではなく、分譲マンションであった場合、同じように処分できるのでしょうか。全員が老朽化している事実を認めながらも、そのまま住み続けるかどうかは各戸の判断次第です。また、所有者が他人に賃貸して居住権等が発生しているケースもあり、簡単に処理できる問題ではありません。

こうした分譲マンションの空渡しを実現したのが東京都渋谷区代々木公園近くにある有名な分譲高級マンションです。

老朽化したマンションを各戸の判断で売却すると、売却額はその部屋の取引相場となります。しかし、全員がそろってマンションの敷地建物一棟を売却すれば、良い土地については大手デベロッパーの購買意欲も高まり、売却額が跳ね上がるのです。私は管理組合の理事長の依頼により一棟空渡しに向けてコンサルティングを行いましたが、反対する人の説得や諸々の交渉などを含めて各区分所有者より委任状を取り、丸3年がかりで実現しました。

マンションの各区分所有者の専有面積は平均40坪から50坪、計25世帯で土地は約220坪。その25世帯は所有者が自ら住んでいるとは限らず、店舗事務所として貸している人もいれば、住宅として賃貸している人などさまざまでした。そのため、交渉は所有者本人だけではなく、利用者や利用企業にも広がります。

いくら老朽化しているといっても渋谷の一等地ですから、全員がスムーズに納得してくれるわけではありません。

私は全所有者とコンサルティング契約を結んで守秘義務契約を交わし、最終的に賃貸中の物件は一般借家から定期借家に契約を切り換えて対応しました。売却先としては入札方式をとり、数社から手が上がりました。

最終的には、購入後にタワーマンションを建てるノウハウがあり、最も高い購入額を提示したある大手不動産業者に売却を決定しました。

すでに老朽化している物件でしたから、1室単独で売りに出していた所有者もいます。しかし、その販売希望価格が1戸当たり1億円、8000万円、7000万円と下がっていく一方で、それでも売れ残っていたような状態でした。ところが、一棟空渡しで売却したことによって、各戸の売却平均額は1億5000万円程度になりました。単独で売ろうとしていた人にとっては2倍以上の売却額となったのです。

このような分譲マンションの一棟空渡しは、当時の法律では1戸でも反対すると売却が成立しません。建て替えであったとしても所有者の8割の合意が必要で、合意が形成された後は管理組合のやり方に従わないといけないことになっています。25世帯もあれば意見はまさにさまざまで「この古いままで、レトロ調のマンションで最後まで住み続けたい」という人もいます。一括売却の難しさは、一人が「売却するのをやめた」と言うと、現行法では話が終わってしまうことです。

結局、皆さまの信頼を得て、一括売買契約書に全員の署名をいただくことができましたが、契約後の手付金の保管方法と引き渡しリスクをなくすことには注意が必要でした。

また、管理組合で手付金を一括管理することと、さらに手付金を弁護士にエスクロー（商取引の際に、信頼のおける第三者を仲介させて、取引の目的を担保すること）してもらうことをお願いしました。特に腐心したのは各部屋を賃貸中の賃借人に引き渡し条件を守ってもらうことです。

非常に多くの人と関わり「資産家の要望、悩み、不安」を一つひとつ解決して実現した思い出深い実例です。

入居・所有していた資産家にとっても、単独では売るに売れなかった不動産が思わぬ高値で売却できたため、その後の資産の有効活用を図るうえでの参考事例になったのです。

この売却が実現した翌日の新聞には、老朽マンションの建て替えを促進する施策の一環として、一括売却も所有者の5分の4以上の賛成があればできるように、国が区分所有に関する法律の改正案を提出する方針が決まったことが報じられていました。また、建て替え時の容積率の緩和の方針も決まっているので、高いマンションを買うのではなく、耐震構造前の古いマンションでも、ロケーションに希少性があれば投資の対象になるのではないかと思います。

一等地にある古いビルは将来に備えて定期借家に

収益性が高い一等地にあるにもかかわらず、建物が古いために家賃収入が低い貸しビルについては、将来の建て替え、または高値での売却に備えて、普通借家契約から定期借家契約に変更することをおすすめします。

定期借家契約にすれば、立退料、移転料等のコストを前もって確定し、経費として処理することができるからです。

数年前、銀座の一等地にある古いビルのオーナーから、建て替えの相談がありました。70坪の土地に、9階建ての築40年というビルです。

銀座周辺の一等地は、古い建物であってもテナントが建て替えになかなか応じず、または多額の移転料等を要求してきます。そのため、いったん定期借家契約を各テナントと結び、3年後あるいは5年後に建て替える選択をしました。

その後1階から交渉を始め、難航を極めたテナントもありましたが、定期借家化に伴って賃料を減額し、移転したテナントについてはリーズナブルな移転料を払い、丸2年で全テナントの定期借家契約への変更が実現しました。

このように処理することで、定期借家契約の終了時に取り壊し、高い更地価格での売却が可能になりました。もちろん建て替えて新しいビルを建築することもできるようになり、将来相続したときの相続人の悩みを事前に取り除くことにもなります。

多額の債務が残る高級マンションを更地で売却

多額の債務として残ったローンを返済するために、古くなった収益物件を高値で売却する方法も有効です。第1章で紹介した事例の解決策を見てみましょう。

Aさんは財閥系の役員の奥さんで、東京都内・旧山手通りの近くに300坪の敷地を所有し、外国人向けの高級賃貸マンションを建てていました。ところが、賃貸経営を始めてから10年が経ち、日本の不況が続くなかリストラなどで居住する外国人が減り、半分が空室となってしまいました。家賃を下げざるを得ず、さらに「エアコンが壊れた、エレベーターの補修パーツが壊れた」など、管理会社がきちんと対応すべき細かなトラブルについてもオーナーであるAさんに了解を取りにくるので、Aさんは心労から心臓の持病が悪化し、さらに体調が悪くなってしまったのです。

一方で、Aさんにはマンション建設のための多額の借り入れが残っています。このまま売却すれば、半分しか入居していない状態の利回りを評価した金額でしか買い取ってもらえないので、大きなリスクがあります。当時の金額で借り入れが約2億5000万円残っているのに対し、マンションの時価が3億円足らずだったので、マンションを売却できても諸費用・税金を差し引くと債務が残りかねない状態でした。

相談を受けた私は、結局、土地を高く売却するには更地にして売るしかないと考え、残っている入居者に相場の立退料を提示して立ち退いてもらい、6億5000万円で大手不動産業者に売却しました。

高額で売却できた理由は、何より土地の条件・環境などが周辺地域と比べて抜群に良かったことです。一定以上の広さ、希少性のある旧山手通りの近く、そして更地であったため、大手不動産業者が食指を動かしたということです。

先の例と同じく、入居者に立ち退いてもらうための交渉・説得も重要で、単に金額的なことだけでは解決できない場合もあります。この例では、各戸にAさんの病気の診断書コピーを添付して、マンション経営が難しい窮状を示すレターを送り、丁寧に解約の申し出を行いました。

なお、更地にして高く売る場合は、取り壊し費用についても確認しておくべきです。今の相場では木造の場合で坪当たり3～5万円、鉄筋コンクリートの場合で1坪7～9万円はかかります。できれば、所有者側が自ら解体業者に見積もりを取り、解体したうえで売却するほうが高く売りやすいのでおすすめです。買い主側で解体するとなると、費用の見積もりが高くなったり、その分土地の売却額を下げなければならないこともあるからです。

地方の土地を、新たな収益物件に組み替えて子どもに残す

地方の資産家の場合、代々所有する土地を活かして、その土地の上にアパートを建てて賃貸経営をしている例をよく見かけます。ところが、前述のように、それでは本当に土地を活かしきれていないケースがあります。活かしきれていないばかりか、建物を建てるために多額の借り入れをしていると相続対策にもなっていないことが多いのです。

では、そのような場合はどうしたらよいのでしょうか。私は土地をそのまま売却し、売却して得たお金で都心部の将来性の高いマンションを購入するといった、資産の組み替えを行うべきだと考えています。その際、更地を駐車場として貸している場合には、一定の規制はありますが事業用買い替えの制度を利用して節税する方法もあります。

名古屋の中核都市に住む資産家Bさんの例です。Bさんは大手ハウスメーカーから、アパート経営をすすめられていました。収益が上がり、相続対策にも有効というお決まりの宣伝です。Bさんは「簡単にアパート経営などできるものではない」とは思っていましたが、そのハウスメーカーの立派なパンフレットを見ながら、「資産を運用することも大切だ」と少し興味が湧いていたのです。

気になるのは、アパートの建築費を借り入れで賄わないといけないことです。豪勢なマンションを建てるわけではなくとも、建設業者さんの見積もり試算によると1億4000万円は借り入れないといけません。

しかし現在の経済環境では、いくら借り入れをして立派なアパートを建てても、人口の減少している地方都市ではそのうちに空室が目立ってきます。よほど高い利回りを期待できる土地でなければ結局は借り入れだけが残り、やがて塩漬け状態の不動産になってしまうでしょう。とはいえ土地を土地のまま持っていてもただ税金を支払うばかりですから、どうにかして有効利用したいという思いはあります。

では、Bさんは所有している土地をどのように活用するべきでしょうか。

Bさんが所有しているのは、中核都市の郊外にある1000坪超の土地です。土地の一部は近隣のカーディーラーの駐車場として賃貸し、月額60万円ほどの駐車場収入があるとのことでした。

いくつかの手法が考えられますが、まずは一戸建て住宅用の分譲から検討してみましょう。中核都市の郊外なので、一戸建ての需要はあり、造成して分譲し、1戸ずつ売却していくことは有効な土地の利用方法に思えます。ただ、詳しく調べてみるとこの地域は容積率の厳しい地域であり、80坪ずつ分譲しても顧客が満足する家を建てられる可能性は低く、売れないリスクがあるということです。そのため、一戸建て住宅地とするなら、分譲予定地としてまとめてデベロッパーに売却したほうがいいという判断ができます。

では、ハウスメーカーが持ちかけてきたという賃貸アパートはどうでしょうか。ハウスメーカーの案の一つは、数棟の社宅向けの賃貸アパート経営を始めるという内容です。

しかし、現在の土地だけでも1億円以上で売却できるのに、なぜ多額の借り入れをしてまでリスクを負うのかが疑問であり、あまり得策とはいえません。ハウスメーカーは

「6・1%の利回りが実現できます」と言っていたようですが、それはあくまで建物価格だけをもとにした利回り計算です。土地の価値まで含めて計算すると2%足らずで、今後の経済の動向によっては返済の金利分も収益として上げられない可能性があります。

このように、その土地個別の要因を勘案すると、それぞれの対策が将来的に適切であるか、愚策であるかがある程度判断できます。Bさんのケースで私が最終的に最も有効利用になると考えたのは、土地を売却しての資産組み替えです。

1億円以上になる土地の売却額は、都内の1LDK~2LDKクラスのオーソドックスなマンションにすると3~4戸は購入できる金額です。借り入れのリスクを冒してまで利回りの低そうな賃貸アパートを建てるなら、土地を売却してその売却益で将来性のある不動産を購入したほうがリスクも少なく、さらに相続対策に活かすこともできます。

地方の中核都市に土地を今後持ち続けても、人口減少などの要因を考えれば土地の価格は低下が予想されます。将来の損を未然に防ぐ思い切った発想の転換が望まれます。

こうしてBさんと一緒に東京都内を回って将来性のあるマンションを選び、購入を決めました。それぞれを賃貸に回せば、建物分を借り入れで賄って建てるアパート経営よりはリスクが少なく収益化できます。

さらに、相続については、それぞれのマンションを相続人に渡せば共有を避けることができ、争いごとも起きません。賃貸に回すと事業用マンションとなるので節税効果も期待できます。


この資産の組み替えで問題なのは、Bさんのように地方に住む人には東京の将来性のある不動産がどれか、実態がわからないことです。ですから、それを判断できる人に相談する必要があるのです。Bさんの案件は私がコンサルティングしましたが、都心に詳しくない地方の方は、信頼できる不動産会社や、不動産に詳しい友人にまず相談し、情報を収集することをおすすめします。

延期された2021年の東京オリンピック・パラリンピックを控えて、どんな不動産が値上がりするのかといった記事が新聞や週刊誌でもよく見られます。一つひとつの記事には私自身、賛成できるものと賛成しかねるものがありますが、そのような記事も参考にはなります。

実際にBさんに限らず、地方の資産家は、所有する地方の広大な土地を売却し、都心のマンションを購入するという同様の資産の組み替えを積極的に行っています。その多くは数億円の売却益で、3000万~7000万円のマンションを数戸購入しています。自分が住むのであれば億ションを買いたいという気持ちも出てくるでしょうが、ほとんどの資産家は他人に貸すことが前提です。そのため入居者が決まりやすい賃料を設定できて、かつ収益力が維持でき、将来性のある立地の物件を選んでいます。特に中古の場合は、しっかりとした管理組合運営をしているマンションであることが重要です。

このようなマンションであれば、市場性がありますので売却したいときに売却できます。交通の便が良く、そこそこの環境であれば将来のキャピタルゲインも期待できます。これが土地の所有から利用への大きなポイントの一つです。

都内において賃貸したときの運用利回りは、地域によって異なりますが、グロス利回りで年率4%から6%が相場水準です。地方の方は都心にマンションを購入しても、賃貸をどこに頼むのか、管理を誰がやるのかといった心配があると思いますが、今はインターネットを使えば自宅からでも情報収集ができ、信頼のおける業者を簡単に検索・比較して選ぶ時代になっていますので、積極的に利用してください。

「空き地」で売れない土地も「管理地」なら売れる

地方の資産家は、都心近郊の人たちには想像できないくらいの広い土地、複数の土地を所有しているケースがあります。その土地を田畑として耕作しているならまだいいのですが、手入れのなされていない荒れ地や雑種地等の所有土地も多くあります。その他、地方の県庁所在地を少し離れたところでも、クルマ社会では交通の便が良く、クルマを数十台は停められそうな更地をたくさん持っているようなケースもあります。

それらは、先代から守ってきた大切な土地なのだと思いますが、本当にただ所有しているだけでいいのか、という疑問を感じている人もいます。

名古屋の資産家Cさんの例です。Cさんは名古屋市内の中心地や郊外に土地をいくつか所有しています。更地のままのところもあれば駐車場として貸し出しているところもあるのですが、駐車場は20台分のスペースに月極契約をしている個人・法人が数件。これだけの賃料収益では固定資産税も充当できない状態の土地もありました。

先祖代々の土地をそのままにしていても、暮らしは楽になりません。何とかならないものかとCさんから相談を受けた私は一計を案じ、Cさんの所有するすべての土地に「管理地」という看板を立てました。

看板代は1本につき5万円ほどでしょうか。それを数カ所に順次、設置していったところ、郊外の200坪ほどの土地について、「これは売り物ですか？」という連絡が私のもとに入りました。私が、売り物ではなく管理地で、まだオーナーは利用法を決めていないことを伝えると、後日、再び電話がかかってきました。「実家がこの管理地の近くで医院を開業しています。私の主人も医師で、できれば、この敷地に自宅兼医院を建てたいのです」と問い合わせの詳細を話してくれたのです。Cさんはその200坪ほどの土地を売却することにしました。

その土地は、住宅地にあるのではなく、郊外型の店舗が並ぶ通りの一角にあります。ずっと放ったらかしにしていた土地で、Cさんは固定資産税を払うのに苦慮していました。

住宅地としてもあまりふさわしい場所とはいえず、現実になかなか買い手がつかない土地で、造成したとしても売れ残るリスクがあります。土地を貸して店舗を建ててもらう方法も考えられなくはないのですが、人口が減少し、経済が縮小している状況では、Cさんにとって都合のよい借り手が現れるとは思えません。

しかし、「管理地」と看板を掲げただけで、買い手が現れました。いわば周囲の人が土地活用を考えてくれたのです。買い手が現れたときが売却のチャンスです。普通は見向きもされない土地だとしても、医院であれば、駐車スペースも必要で、買い手にとっては都合がいい土地なのです。

もし、「管理地」という看板ではなく「売り地」や「売り物件」と書かれた看板であったなら、都合よく買い手が現れたかどうかは疑問です。売り地であれば、その不動産情報は近隣の不動産業者に流れていることになりますし、その看板は周辺の多くの人にとって見慣れたもので、「また一つ売り地、空き地が出たな」と思って通り過ぎてしまうだけだったかもしれません。ところが、「管理地」という看板であれば、周辺の人に「誰かがしっかりと管理していて、何かを建てるのかもしれない」といった興味を持ってもらうことができるのです。しかも、連絡先が名古屋ではなく、東京の不動産コンサルティング会社というところにも、興味・関心を持ってもらえたのかもしれません。

しかも、売却額は相場水準を上回りました。資産家のCさんにとっては決して大きな額ではありませんが、それを元手に都内のマンションに資産の組み替えができる金額です。何より、そのままでは何も生まなかった土地が収益をもたらし、他の人に有効に使ってもらえるなら、Cさんにとっても望外の喜びだったはずです。

持っていても収益を生みにくく、今後下落傾向の続く地方の土地を売却して、売却で得たお金を有効に使う。まさに、所有から他の物件での利用へ、と私が考える土地の有効活用を実現した一例です。

「管理地」という看板を立てるこの方法は、その土地に隣接する不整形な土地と合わせて売却したい場合や、中途半端な広さの土地を隣人に売ってしまいたいケースなどでも使えないことはありません。要は、「売り地」では注目が集まらない土地を「管理地」とすることで、潜在的な需要を掘り起こすことが狙いなのです。

需要は1件あれば十分です。数件の問い合わせを待って値段をつり上げようなどと考えてはいけません。

どんな塩漬け状態の土地でも、買い手は近場に必ずいます。不動産は、その土地ならではの特異性から、欲しがる人は近隣にいるということです。

所有地の地形が悪くても隣接地と組んで高値で売却

自分の所有地の地形が悪く塩漬け状態になっている場合にも、隣接地を活用すれば高値で売却できる場合があります。

数年前、湘南の茅ヶ崎市内の一等地を350坪ほど所有しているDさんから相談がありました。地形が袋地状で入口が狭く、マンション業者や建設業者にはどうにも売れそうにないので、どうしたらいいか、とのことでした。

周辺の土地を調査したところ、隣接所有者の土地100坪と一体にすることができれば、入口が広い整形に近い土地になることがわかりました。

隣接所有者は、一流企業での勤務を経て悠々自適の生活を送っていたようですが、バブル期に土地を高値で購入して以来、購入時の半値程度にまで大幅に値下がりした土地を抱えて持て余している状態でした。

さっそくDさんの土地と隣地の両方を一体として鑑定評価してみると、いずれも単体での鑑定評価より高くなるため（鑑定専門用語で併合増価という）、隣接所有者にもご説明して売却と配分案を提案しました。

その後は信頼を得てとんとん拍子に話が進み、450坪の敷地としてマンション業者の入札にかけたところ、数社から高額での購入打診があり、単体での相場水準（当時）よりも極めて高い1・5倍程度の価格で売却に成功しました。

単独ではなかなか売れないでいたDさんはもちろん、隣接所有者の方にも時価相場の約2倍の配分があったため、両者ともたいへん喜んでいました。

このように、売りにくい塩漬け状態の不動産も、さまざまに工夫すれば必ず問題解決できるというわかりやすい例です。

敷地内を横断する古い畦道《あぜみち》（公有地）の払い下げを受け、敷地を高値で売却

神奈川県藤沢市で、古くから屋敷とアパートが建っている敷地約200坪の真ん中が公

有地の畦道で分断され、売却したくてもできない状態だという相談がありました。長年困っていただけでなく、その畦道の購入収利を隣地の地主と争っていたのです。

そこでまず、隣地の地主が希望している土地を安く譲り、畦道の購入収利を確保しました。この後に藤沢市と交渉し、約30坪の畦道を固定資産評価額の2分の1で購入。かつ、敷地の一部である幅員3メートル未満の前面道路を市に売却します。藤沢市の条例を使用して無償で全面舗装してもらうことで敷地全体を優良資産にしました。その結果、当初打診されていた4500万円の2倍強にあたる1億円以上で売却することができました。

競売で隣接地を買い、資産価値を高める

また、所有地に市場価値がある場合、安い隣接地を買ってその土地の価値をさらに高めることもできます。

東京都目黒区に、私の取引先であるEさんの自宅があるのですが、数年前にその裏側にある40坪の土地が競売に出されました。その土地は、道路には面しているもののL地形の土地で利用しにくく、競売価格は近隣の相場水準の半値以下でした。

Eさんは購入すべきかどうか迷っていたようですが、これらの土地が一体となると併合の結果、二方道路になり、地形も良くなるため、私は購入すべきと判断しました。入札の結果、見事半値の2000万円で購入できたうえに、所有する土地全体の資産価値も大きく高まったのです。

全国の地方裁判所は、時々競売情報を発表しています。勉強になるので、不動産オーナーの皆さんも目を通しておくとよいでしょう。

ここ数年、土地価格の上昇で競売は下火でしたが、新型コロナウイルスの影響によるこれからの経済不況が長引けば魅力ある競売物件も出てくる可能性があります。

臨機応変にリスクを最小化できる駐車場

私はここ数年における相続税対策の一環としてのアパート経営ブームに疑問を持っています。

一方で、「先祖代々の土地を売却処分したくない。だからこそ、その土地にアパートを建てて経営したい」という資産家の気持ちも理解できます。

多額の建築費を借り入れしてまでアパート経営をするのはバカらしい。しかし、先祖代々の土地資産を自分の代で勝手に組み替えなどせずに活かしたい。さらに、できれば収益を生む資産としたい。そのように考える資産家には、アパート経営よりむしろ、「駐車場」がおすすめです。なぜなら、投資額が少なくて済み、かつ収益を生み出すことができることはもちろん、さらに時期を見て必要に応じて積極的な土地の有効活用に転じることもできるからです。

駐車場経営を行うと事業を営むことになりますから、固定資産税は自宅や貸家のように住宅用の軽減措置を受けられず、約4倍から6倍の金額になります。その一方でメリットは、何よりも解約しやすく、必要なときにいつでも売れるということです。

アパート経営が難しくなって入居者に立ち退いてもらうには、最低でも半年分の立退料とともに、たび重なる交渉が必要になります。居住権などをめぐって争いが起これば、2～3年は立ち退いてもらえない覚悟も必要です。

それに対して駐車場であれば、一般的には2～3カ月の立退期間があれば契約者も対応してくれます。必要に応じて近隣の別の駐車場に契約し直してくれるからです。

ここ数年、駐車場の管理業者もサービス内容が充実してきました。ノウハウを持った企業が多数現れ、しっかりと管理してくれるのです。「自分で経営するのは面倒だから嫌だ」と考えるオーナーに対しては、一括借り上げしてくれる業者もあります。しかも、条件の良い土地では賃料保証してくれるケースもあります。駅に近いところや商業地であれば、3層、4層の立体駐車場とすることもでき、アパート経営のような大きな投資額を要しません。

駐車場建設という利用法は比較的手軽なうえに、取り壊すことも容易です。これは、土地を利用して収益を上げる資産家にとって、大きなメリットでしょう。

さすがに駐車場の需要のまったくないところに駐車場を作ってもムダですが、駅から離れた郊外でも意外に捨てたものではありません。郊外型のショッピングセンターや工場、大きな公園や文化施設などに隣接した土地の場合は隠れた駐車場需要があるからです。

そのような観点から、資産家が「放ったらかしの土地をどうしようか」と悩んだり迷ったりしているのであれば、私は駐車場経営ができるところは駐車場にすることを迷わずすすめています。

駐車場はあらゆる対処の〝時間稼ぎ〟になる

駐車場経営に関してコンサルティング事例はたくさんあるのですが、そうした事例は積極的な土地活用というより消去法で選ぶような消極的な面があるので、ここでは触れません。ただし、駐車場経営をしている人の多くが「時間稼ぎになる」ということを認めています。このことも見逃せないメリットです。

不動産業者としては、「土地が余っている」と聞けば「アパートやマンションを建てませんか？」と営業するのは、いわば商売の道理です。しかし、実際にアパート経営に乗り出そうとすれば、それなりの投資が必要になってきます。それに対して駐車場経営は、当面、出ていくお金がアパート経営よりははるかに少なく、「何が最もふさわしいか」をあらためて考える〝時間稼ぎ〟になるのです。

その時間のなかでは、資産家自身の健康や境遇が変わることもありますし、経済状況が好転したり悪化したりすることもあります。それらの要因にどのように対処すべきか、勉強する時間を持つこともできるのです。

不動産の有効活用は、時間軸のとても長い取り組みであり、今日、明日にすべてを決めなくてはならないといったものでもありません。コインパーキングだと大きな売上を得られるとはいえず、月次で見れば赤字のときがあるかもしれません。ところが、年間を通して判断し、その土地の固定資産税分を賄えればそれで十分という考え方もできます。アパート経営のように、業者に土地代を無視して利回り計算されてしまうようなこと、すなわち騙されてしまうようなこともありません。

前述のように、専門業者による一定期間の一括借り上げでは、賃料保証として、赤字分のリスクを保証してくれるところもあります。一括借り上げではしっかりとしたシミュレーションを行って取り組むので、解約する場合も、その手続きに沿って行えば安心です。

「時間稼ぎ」という点では、「相続税を延納にしてもよいので駐車場にした土地が高く売れる時期を待つ」という対応もできるでしょう。高く売却できたときに、相続人がそのお金で相続税を全額納めればよいのです。

特に、前述したように不動産の価格は、さまざまな価格形成要因、その他の売り手の事情、買い手の事情等により上がったり下がったりしますから、売る場合は経済状況の良いタイミングを選ぶ必要があります。しばらくは新型コロナウイルスの影響で日本経済も難しい局面を迎えますが、首都圏および近郊の商業地は意外と土地需要が旺盛なため、土地価格の大幅な下落はないものと思っています。

借地権者の地代滞納を解決し、借地人・地主ともに利益を実現

数年前の暮れのことです。借地権者が地代を払えなくなり、しばらく滞納した場合は、どのようにしたらよいかとの相談が借地権者側からありました。

この件は、89歳になる借地人の女性が認知症になり、家庭裁判所が選任した成年後見人の方から家庭裁判所の許可を得ての相談案件でした。

すでに生活費が底をつき、地代の約1年分にあたる100万円ほどの滞納が発生していました。場所は東京都港区白金の一等地。20坪の敷地に建つ築後50年の古い棟割長屋の一つです。

古い棟割長屋は市場性がまったくないため、底地と一体で、かつ隣地にある同じく古い

棟割長屋とも一体で売却しなければこのケースは解決できないと考えられました。地主と隣地の借地人にそれぞれ事情を説明し、一体売却の必要性を訴えることになりました。

地主には滞納地代の支払い猶予と売却による返済、および底地の第三者への売却の必要性を説き、隣地の借地人には、建て替えの必要性と一体売却による資金の捻出と買い替えを粘り強く説得しました。その結果、すべての一体売却で合意。完全所有権で1億数千万円になった売却代金を、地主と二人の借地権者で3対3・5対3・5の割合で配分し、やっと解決できました。

このように借地権のある不動産は、その市場性が低く売却は難しいものですが、知恵を使えば解決できます。

地主からも長年の滞納地代が解決し、今後20年分の地代が今現金で手に入ったと感謝されました。

借地権付き建物や貸宅地はそれぞれ完全所有権に

借地権に関わる相続税対策についても、ここで少し触れておきましょう。たとえば、借地権付き建物を所有していて借地権をそのまま相続する際には、建物の借地権価格を評価し、その評価額に対して相続税がかかります。ところが、借地権付き建物は、相続するときに売却することもできるということを知っておくべきです。

とはいえ前述したように、売却は極めて難しいものです。地主が了解するかどうかわかりませんし、了解しても名義書換料を要求されるケースもあります。

その対策としては、事前に等価交換の話をしておくことです。たとえば１００坪の借地があるとしたら、地主に50坪をあげて、自分は地主から底地を50坪もらって分けることを相談しておくのです。そうすれば、双方ともに完全所有権の不動産になります。

もし、資産家自身にお金があり、地主が底地を所有していて、その地主に相続が発生した場合、地主は相続税を納めるために底地を購入してほしいと申し出るかもしれません。そのような状況があれば、その土地は買いのチャンスです。相場よりも安く購入できるケースが多いでしょう。

土地という資産の価値を維持するポイントは、借地や借家の扱いをなくして完全所有権として持っておくことです。

戦後、寺院や従来の地主が自分の土地を貸し、そこに家を建てた賃借人が地代を払っている状態で、数十年もそのままにしているケースもよく見受けられます。そうなると借地権が発生します。その土地を貸した寺院や地主側としては、底地をどのように活かしていくのか、また相続をスムーズに行うことができるかという問題になってきます。

新しい商業モールなどを建てた土地は新法に基づく定期借地権なので問題ないのですが、古くからの借地人が建てて住んでいるこのような住宅は旧法に基づく貸宅地なので、相続のときには3割ないし5割で評価され、担保価値がなくなる点が問題になります。そのため、寺院や地主側が銀行から相続税の納税資金を借りたいと思っても、担保が不十分であると判断されてしまうようなことがあるのです。こうしたことからも、資産家が元気なうちに完全所有権にしておくことが重要であるのがわかるでしょう。

さまざまな土地の有効活用の方法と留意点を取り上げてきましたが、その方法はいずれもメリットとデメリットが表裏になっているものです。だからこそ、資産家自身がどの視点から不動産を見て、何をもって有効活用と判断するのかを自分で決めていくことが重要なのです。そのことを忘れないでいただきたいと思います。

日本のリゾートで損するより海外の名門リゾートで儲けを期待せず人生を楽しむ

最近、にわかに注目を集めている海外不動産ですが、日本でも富裕層の資産家などは、かなり以前から海外不動産、特にハワイなど有名な海外リゾートの別荘を購入していました。彼ら生粋の資産家には相続対策という意識はほとんどなく、むしろ自分の生活を楽しみたいという意識からの購入でした。

最近は、インターネットを通じて現地のさまざまな情報が入手でき、実際の問い合わせや売買までもができるようになってきてはいますが、課税当局の意向や価格動向に対する判断などは、コストをかけて現地に赴き、そこで短期間でも暮らしてよく実情を理解したうえでの購入をおすすめします。

これから資産家が海外のリゾート物件を購入する場合は、楽しむことができるとともに、「いざというときに売却しやすい場所」が適当であるといえます。その代表例がハワイであり、シンガポールなのです。

ハワイの場合は後述するように別荘地とコンドミニアムと称するマンション物件の「リマーケティング」（再販市場）が充実していますし、シンガポールの場合は人口が集中しているので売却する際の需要が手堅いからです。つまり、「売却しやすい」とは中古市場の歴史があって市場が整備されていたり、需要があって買い手がつきやすいということなのです。

海外リゾート物件を購入する際の留意点は、投資の利回りを国内以上に上げようと必死にならないこと、儲かるのではないか、相続税対策として有効ではないか、などという考え方をしないことです。それらはすべて結果論であって、海外不動産を購入する目的にはならないのです。単純にお金の損得ではなく、人生の充実を踏まえたうえでの損得として購入すべきかどうかを考えるのです。

私自身、米国や東南アジアに仕事で赴任していた経験があるので、「この地域に別荘を持ったら楽しめそうだ」「ここに自分の不動産があるといいけれど、税制が厄介だな」などと感じたことがよくあります。実際に、会社のビジネスとして米国のパームスプリングスの別荘を購入したり、ニューヨークの郊外のコンドミニアムに投資したりした経験もあります。そうした投資では、現地の事情に精通した信頼できる日系不動産会社に賃貸の仲介をお願いすれば、的確な情報が得られ、収益物件として活用することもできるでしょう。

正直なところをいえば、海外の不動産への投資によって将来的に儲かるか、あるいはキャピタルロスがどれくらいになるかはわかりません。ただし、米国は不動産情報についても透明度が高い国なので、その点は日本の不動産より安心して投資することができるでしょう。

日本の別荘の場合、リマーケティングが充実しているとはいえません。別荘地として歴史のある軽井沢でも、売るに売れない別荘がゴマンとあります。日本の別荘地を購入して結局は誰も使わなくなり、売却もできず放ったらかしにするくらいなら、ハワイの別荘を購入したほうが売りたいときに売れるので安心して老後を楽しめる……、そのような印象すらあります。

なぜ、ハワイはリマーケティングが充実しているのでしょうか。それはリゾートとしての歴史そのものに答えがあります。ハワイは米国はもちろん世界中の資産家が集まる場所で、リピーターも多く、常に需要があるからです。友人とお金を出しあって購入する海外リゾート的な文化も育っています。

そのような状況にあるため、実際に築30年、40年の別荘でも新築と同じような値段で買い手がつきます。購入した別荘を年に1カ月だけ利用し、残りの11カ月は賃貸で運用することもよく行われています。その点から考えると、日本の別荘を購入して楽しむよりもはるかに資産価値を享受した生活ができるのです。ただし、賃貸に出して運用する場合は日本に比べて管理費の相場が高いので、「収益を上げる」というよりも「損をしない」感覚を持つほうがいいでしょう。

値付けしにくい土地にも、コーポラティブハウス需要がある

袋地の傾斜地で売却金額をかなり下げざるを得ないと考えられた土地については、その土地の間口が2メートル以上あれば、コーポラティブハウスの専門業者に売却したこともあります。これも、その土地を所有していた資産家が、売却するなら相場よりも相当安く価格を設定して、いわば叩き売るしかないと考えていた土地です。

コーポラティブハウスとは、数名の入居希望者が集まって組合を作り、その組合が事業主となって、土地の取得から設計者や建設業者の手配まで建設のすべてを行う集合住宅のことです。また、不動産業界には、その組合づくりから建設までのアドバイスを行う専門業者もあります。

彼らが求める土地は、一般の住宅地よりも個性的な町づくりができるような土地です。都心の一等地に隣接する傾斜地など、通常ならほとんど見向きもされないような土地も好んで購入し、活用してくれます。売れないと嘆いていたその資産家の土地も、当初の売却価格よりも高い値段で売ることができました。

資産家は資産保有型会社を設立して所得移転するのが有利

資産家が資産保有型会社を設立し、個人で所有していた不動産をその会社に売却して法人に所得を移すことで、個人の所得税を減らすことができ、相続税以上に所得税減税効果が大きくなる場合があります。

資産保有型会社に売却するときは、売却益に対して20％の譲渡税（長期の場合）が売主である個人にかかりますが、低額譲渡とみなされないように不動産鑑定士の意見書を取ることをおすすめします。

また、同年度に含み損のある不動産と一緒に売却することで、個人の譲渡税を少なくする方法もあります。

法人化のメリットは、役員をしている家族への所得移転により相続税対策にもなり、損益通算ができ、再投資して資産拡大できることです。デメリットとしては資産保有型会社の内部留保を高めすぎると法人税のほうが高くなるケースがありますので、役員報酬を高めるなどの工夫をする必要があります。

［第4章］

各専門業者および税務署との付き合い方

売買の仲介業者との付き合い方

不動産業者との付き合いは、不動産を所有した場合には避けて通れない重要なものです。それだけに、資産家はどういう不動産業者と、どのように付き合うかをしっかり押さえておく必要があります。

その点に関しては、購入する場合の付き合い方、売却する場合の付き合い方、物件を賃貸に回す場合の付き合い方などがあります。これを不動産業の業務区分のように、売買と賃貸と管理とに分けてもよいでしょう。

売買の仲介を行ってもらう場合、業者は「情報の入手先として活用する」と考えるのが正しい付き合い方です。不動産に関する情報をたくさん持っている点は何といっても大きな利点です。

一方で注意点は、売買の仲介だけをメインにする業者は、手間がかかる管理や賃貸業務を行わないということです。

資産家が相談したい内容は、多くが賃貸業務・有効利用に関することです。アパート経営に進出するのはどうか、自分の土地ではうまく利回りを実現できるか、借り入れはどのくらいまでできそうか、その借り入れをしても将来返済が可能かといったことを相談したいはずです。しかし、資産家が相談したいことと、業者がメインとする事業が合致しないこともあります。そのような観点から考えると、大手にこだわらず、その地域での経験が豊富な不動産業者に相談するのがベストです。たとえば、首都圏エリアの場合は「東京都不動産のれん会」に所属する、古くから不動産業務を手掛けている会社をネットで調べて相談するのもよいでしょう。

売買は結局のところ、信用のできそうな2~3社の不動産業者に聞き取り調査をして、さまざまな情報や事例を集め、そのなかで誠意のある業者、納得のいく説明を文書で行ってくれる業者、中身の濃いレポートをくれる業者に頼むのがいいでしょう。

また、売買で気をつけたいのは仲介手数料です。通常は業法の規定で依頼者の一方につき、物件価格の3％相当額（消費税別途）を上限として払うことが通例となっていますが、金額が大きいだけに負担が重くなるので、業者の手間があまりかからなかったと判断したときは安くしてもらう交渉をすべきです。

また、売買では、不動産業者が売り手と買い手の双方から各々3％相当額、計6％相当額の手数料を受け取る両手取引という仕組みもあります。

私としては専任契約にせず、売る場合も買う場合も、むしろ2~3社に仲介を依頼して競争させるのがいいと考えています。

また、資産の売却のときの情報の開示の仕方ですが、相談に行くと業者は手数料欲しさに、すぐ、いろいろなところに売り出してしまうようなケースもあります。「売り希望です」「売り気配がある」といった情報を、物件が大きい金額であると関連する業者や市場に勝手に情報を流してしまうのです。したがって、信用のできそうな業者が正式に決まるまでは注意をして付き合ってください。

慎重な対応をしないと売りの情報が不本意に市場で知れ渡り、本当に検討したい人が興味を持たなくなる恐れがあるからです。

賃貸の管理は地場の信頼できる業者に任せる

賃貸の際の管理業務は、賃貸の物件管理（ビルマネジメント）と賃貸の営業管理（プロパティマネジメント）に分かれ、それを同時に取り扱っている大手会社があります。

一方、小規模な物件の賃貸の相談をする場合は、地場の不動産業者がベストです。何より地の利があり、その地域のことをよく知っているからです。ただし、高級マンションや外国人向けマンションなどは専業で取り扱っている不動産業者があるので、地域性よりもむしろ専門性を重視したほうがいいでしょう。外国人向け賃貸マンションの仲介・管理では外国語の壁もあるからです。これらの業者は簡単にネットで確認できます。

管理を依頼する場合の注意点は、管理料の他、特に賃借人の家賃の不払い時の対応についてです。管理料が賃料の何%になるかは業者によって異なりますが、納得のいく金額を支払うことで、賃貸専門の不動産会社は一生懸命になって家賃の不払い交渉、徴収交渉をしてくれます。管理料の相場とは、通常、賃料の3〜5％程度と考えてください。

信頼できる業者を探すことは、口でいうほど容易ではないと思いますが、賃貸の相談をする地場の不動産業者の善し悪しを見分けるポイントの一つに、宅建免許番号があります。不動産業者は壁面に宅建免許を示す必要があり、その最初の番号が⑴か⑵か⑶のどれであるかで、その不動産業者の業歴や評判がある程度わかるのです。

⑴は5年まで、⑵は5年から10年、⑶は10年から15年、大きなトラブルなく、その地域で営業してきた証拠です。長く営業しているということは、地域での評判が上々であることも意味します。評判が悪ければ地場の不動産業者として長く営業を続けることはできません。

また、宅建免許の番号が古いと、その業者の代表は宅建協会の地域支部の役職者にもなります。そうなれば悪い評判が立つようなことはできません。つまり、宅建免許の番号が古いほど、その地域では安心して相談できる存在といえるのです。

もう一つ不動産業者を見極める方法があります。各都道府県の宅建免許係という部署にクレーム係があるのですが、その部署にはブラックリストが存在します。

ブラックリストは公表されているわけではありませんが、見せてもらえば、たとえば「駅前の有名な不動産FC店が誠実そうなテレビCMとは裏腹に、クレームばかり受けている」といった実態もわかります。ですから、有名だから安心とはいえない業界だということは理解しておくべきでしょう。

なお、賃貸の仲介や管理をしている業者で、損保の代理店も兼ねている不動産業者があります。それも免許事業の一つですから、一定の信頼ができ、評価できる業者と考えていいでしょう。

リフォーム業者の違いによって、資産の価値に雲泥の差が出る

資産家としては、リフォーム業者との付き合いも外すことはできません。アパートやマンションを賃貸に出すときや、貸家の売却時などに際してリフォームすることが避けられないからです。

たとえば、売却するときに現状で汚れたまま売却するのと、ある程度リフォームしてか

ら売却するのと、どちらが売れると思いますか？　もちろん、リフォーム後のほうが売却しやすいものです。よほど大規模な改装でもない限り、その費用はマンション1室につき数十万円、多く見積もっても1戸当たり500万円くらいです。そのリフォームを行って、その不動産を近隣の相場に近づけて売却することが古いマンションを正しく売る方法の一つといえます。

ところで、最近はリフォーム業者と施主とのトラブルも増えてきました。老朽化し始めた自宅マンションをリフォームして価値を高めたり、経営していた賃貸アパートを修繕したり、不動産の有効活用において、リフォーム業者との付き合いは重要ですが、リフォーム業者の増加が影響したためか、安易な業者、顧客の納得いくリフォームを行うことができない業者も増えているようです。そのような業者に頼んでしまうと、その不動産の所有者は大きな損を被ってしまうことになりかねません。

リフォーム業には専業大手もないわけではありませんが、実態としては職人が営んでいる個人店、工務店や塗装店などの工事店、また、リフォームを営業として受けて外注するリフォーム営業会社などに分かれます。事業規模は多くが中小であるため、どんな業者と付き合うかが重要になってくるのです。

その点で留意したいのが、次の項目です。

①マナーがよく、気配りが行き届いて、対応が誠実であることを確認する

いろいろな業者がいますので、なかには愛想の悪い業者、仕事が丁寧ではない業者もいないわけではありません。特にリフォーム営業会社の場合、実際に施工するのは外注先であるため、愛想の善し悪し、仕事が丁寧かどうかなど、実際のところはわかりにくい面もあります。

②何よりも誠実であること

料金面はもちろんのこと、施工内容についても、できないこと、もしくは顧客が希望していてもやらないほうがよいことは、はっきりと「できない、やらないほうがよい」と伝えてくれる業者を選ぶことです。

③プロとしての提案力があること

業者が顧客側の視点に立ってばかりだと、「要望のとおりやればよい」とだけ考えがちです。その点、「顧客の要望を満たすには別の方法がよい」ということがあれば、それを提案してくれる業者のほうが親切です。

④リフォームの経験が長く、実績があること

業界経験の浅い業者の場合、一生懸命にやってくれても〝じっくりくる〟ものにならないケースもあります。その点、業界経験の長さは一日の長につながり、手際の良さや物件全体との調和を持たせる施工など、安心感があるのです。

⑤透明度の高い、正しい明細を出してくれる

リフォーム業者の腕は見分けにくくても、明細を見せてもらえば「どのような商品・材料を使っているか」また「材料をごまかしていないか」がわかります。明細を示しながらリフォーム工事の内容を説明してくれることが大切なのですが、それをきちんと行ってく

れない業者が多いのも事実です。

⑥アフターサービス、手直しの対応が早い

リフォームでは、工事が終わった直後のチェックはしっかり行ったとしても、また、その数カ月後や数年後に不具合が出ることもあり得ます。そのとき迅速に対応してもらえるかどうかも大きなポイントです。無償か有償かは個々に決める必要はありますが、技術力があり誠実な業者ほど利益につながりにくい工事でも喜んで対応してくれるものです。

これらのうち、何が適正であるかがわからない場合は、2~3社から見積もりを取ることです。リフォーム工事会社でも実態としては下請けに出しているところがほとんどですから、確かな技術力があるのは、中堅のリフォーム工事会社で大工をきちんと抱えているところとなります。また、リフォーム業者として何より重要なのは経験です。リフォーム業者は、開業しては潰れの連続で今の業界が形成されていますから、経験が長いということがすべてにおいて優先されるのです。

また、透明度の高い見積もり明細というのは、張り替える壁紙の広さを測り、正確に計算して明細書を出す業者です。絶対に「一式」などと見積もりに書いて金額を出している業者に頼むべきではありません。誠実な業者は、クロス張り替えだと、「どこのメーカーの何番といったクロスナンバー、1平方メートル当たりの単価」などを記して見積もり明細を提示します。

依頼する際には、留意事項のうちいくつかの項目を確認できればかまいません。しっかりとチェックし、規模が小さすぎない業者を選び、経歴書を見せてもらえばよいのです。リフォーム業者には登記をしていない会社も多いので、会社の経歴書を見せてもらえば安心して経験を判断できます。

なお、リフォームのセンスがないと、売却するときに売却額に大きな差が出てきます。「センスがない」とは、きらびやかな、値段が高いだけの手すりや、違和感のある吊り棚などを顧客の要望も確認せずに設置してしまうようなことです。そのようなことがあると、リフォーム費用が高くつくうえに、結局は売却できなくなってしまいます。リフォーム業者の選び方に失敗すると、後々、余計なお金がかかるうえに、売りたいはずの物件が売れなくなってしまうこともあるのです。

このようなことも、結局は総合的な相続の対策にもなってきます。ですから、その対策を資産家が元気なうちにきちんと見直しておくことが大切なのです。

業者がすすめるアパート・マンション経営はまず疑ってみる

前述したように、将来性のない土地には収益物件を建てないほうがよいのですが、それでも「老後と相続のために、アパート・マンション経営を始めましょう」とすすめる不動産業者が後を絶ちません。大手ハウスメーカーでも、関連するセミナーを毎週のように開催し、顧客を集めています。

そのような話がもし自分のもとにあったら、まずは疑ってみるべきかもしれません。「当社では借り上げ保証をします」と言われても、「家賃保証はできないのか?」と考えてみるべきです。経済が好転する環境であればアパート経営は賃料の値上げも見込めますが、現状では建物が古くなるに従って賃料は下がるだけです。建築費用を借り入れで賄っている場合には、建物は減価して借金だけが残ってしまうようなことになりかねません。

業者がパンフレットを見せて、「当社のバリエーションで、このような素敵なアパートも建てられます」と言われても、「私は更地で売却したいと考えている」と伝えてみてください。そうすれば、その土地の価値を周囲がどのように見ているのかが、よくわかります。本当に良い土地ならば、買いたいという業者がたくさん出てきます。

アパート経営をすすめられて実際に始めるのは余裕の出てきた高齢者が多いのですが、高齢になって、自ら進んで借り入れを起こしてまでリスクを取る必要はないのです。まず、お金に換えて、孫に1500万円、子どもや配偶者に毎年110万円ずつ渡して、わずかな贈与税を納めていけば、そのほうがより安心して暮らせる人も多いはずです。

東海地方の資産家で二人の子息のいるFさんは、大手ハウスメーカーから2棟の賃貸アパート経営をすすめられていました。その建築費用は1億3000万円ほどです。Fさんは預貯金が少なかったため、建築費用のほとんどを銀行から借り入れすることを想定していました。

私はその話を聞いたとき、「そんな損なことはやめましょう」とアドバイスしました。

土地そのものは1億4000万円ほどの価格になります。そのため、Fさんは、土地の半分を売却して、残った土地にアパート1棟を建て、銀行借り入れを7000万円ほどに抑えておきたいと考えていたようです。その考えに税理士も加わり、「貸家建付地にしておけば、25%は安く相続できます」とアドバイスをしていました。

相談を受けた私がすすめたのは、「半分の土地を事業用資産にするのはかまわないけれど、土地の半分を売却して得たお金で、東京の収益性の高いマンションを2部屋買っておいたほうがいい」ということです。そして、「それを賃貸に出したほうが、利回りがよい」と伝えました。

自分が亡くなったときは、その都内に購入したマンションを二人の子息に渡せばよい。そのほうが、アパート経営を始めるよりも相続対策としてはリスクも少なく有効な方法なのです。

所有する土地でアパート経営を始めれば、賃貸収入が上がり、相続税の課税評価で不動産の価値が下がることにつながり、借り入れは財産と相殺できるので相続税対策になる……と、ハウスメーカーは大手も中小もアパート経営を盛んにすすめます。

しかし、実態は借金の返済が減価していく建物に変わることになり、賃料収入も数年先は同じ額を見込むことができず、資産家は〝賃貸経営競争〟に晒されることになります。業者が提示する借り上げ保証は家賃保証ではないので、3年先、5年先には、どうやって経営を維持していくかと、まったく気が休まらない状況になるでしょう。借り入れ金利も上昇局面を迎えれば、変動金利なら、建物が古くなる一方で借金を育てているような感覚になるものです。そして、相続のときには、誰が古くなったアパートの経営を継ぐかで相続人がもめるのです。

また、前述のような資産家向けのセミナーは土地の価格を考慮に入れず、いわば建物に対しての利回りで収益を計算しています。「利回り6%、8%」といっても、土地の価格(価値)を考慮すると、利回りは確実に下がり、2%くらいになるのが現実でしょう。そうなると、条件の良い土地ならば駐車場にでもしておいて、買いたいという業者が見つかったときに売却したほうがリスクが少ないのです。空室が目立つアパートも、結局のところ完全所有権で売却しないと買い手がつきません。そうなると、入居者の立ち退き費用なども大きな負担となってきます。

ですから、そのような業者のすすめには慎重に対応しないといけません。判断を誤ると、後々、大きな負担に苦しむこともあるのです。

金融機関との付き合いでは「守秘義務」の扱いに注意

金融機関に財産の相談を行うときの留意点は、「守秘義務を果たしてくれるかどうか」、この一点に尽きます。特に、資産家の不動産を扱う信託銀行でも、ちょっと相談しただけでグループの不動産業者に情報が回ってしまうことがあります。特に個別の売買や信託などの相談、不動産の売却益の預金相談などをするときは、資産家のほうが慎重に対応すべきです。あってはいけないことですが、その預金の使い道を聞いて、自分の銀行の商品の宣伝をしてきたり、不動産投資部門の営業マンに紹介するようなケースがあるのです。銀行は多くの人が想像している以上に属人的な面もありますので、担当者によって対応が変わることがあるのも注意しておきたい点です。

銀行との付き合いの留意点は、特にアパート経営を始めるときの借り入れの際にもあります。その際の銀行選びのコツとしては、従来の都市銀行系のほうが金利が低く、アパートローンなど制度金融のバリエーションも豊富です。そして、できれば長期で、金利の低いときほど固定で借りておくことをおすすめします。

気をつけたいのは、繰り上げ返済と借り換え、途中解約の可否です。これは銀行や借り方によって変わるので、返済のシミュレーションを確認しつつ見極める必要があります。

なお、外資系や海外の金融機関との付き合いも考慮に入れておく必要があるでしょう。守秘義務は海外銀行のほうがしっかりしているといわれていますが、預金や借り入れ、その他のサービスなどは銀行による違いが大きくなります。特に海外銀行は銀行業務というより投資業務、外貨預金と資産家のフォーリン・エクスチェンジ（外国為替証拠金取引）業務が中心になっているので、一概にどういう銀行が良いと言うことはできません。資産家の優遇金利は一律的な邦銀と比べ魅力的ですが、一方で、どんなサービスを受けるにせよ一般に手数料が高いということはいえます。業務それぞれにメリハリがあるといってもよいでしょう。

信託銀行に遺言信託などの相続相談をする際の留意点

銀行のなかでも信託銀行は、資産家が財産を信託し、その運用を任せる方式を取ることで、その他の銀行とは趣の異なるサービスを展開しています。

この信託銀行の業務サービスとして個人の資産家が注目しているものの一つに、「遺言信託」というものがあります。遺言信託は、利用する本人だけでなく、相続人にとっても重宝するサービスです。遺言書の作成支援や保管、相続財産の名義変更、遺言の執行まで相続に関わる手続きをトータルで信託することができます。

ただし、費用がそれなりにかかる点に注意しないといけません。具体的な金額は各信託銀行や遺言信託する相続財産額によって変わってきますが、遺言書の作成と契約の基本手数料が30万円前後（公証人の手数料や戸籍謄本の取り寄せ費用などは別）であり、遺言書の保管・管理については管理料が年間5000円前後、遺言書を変更した場合の手数料が5万円前後はかかってきます。さらに、遺言の執行段階では、相続財産の価額に1％前後の料率がかかります。某信託銀行では相続財産1億円に対して1・785％、10億円に対して0・315％です。金額にしてみると、相続財産の価額が1億円の場合で178・5万円、10億円の場合は315万円かかることになります。加えて、相続税を申告する場合は税理士への報酬が必要ですし、不動産相続登記をする場合は、登録免許税と司法書士への報酬も必要になってきます。

これらの費用が納得できるものかどうか公証役場の公証人・弁護士などの手数料と比較しながら決めてください。

最近、信託銀行では遺産整理業務に力が入れられていますが、総資産の総額に対する手数料率になっており、他の取扱業者に比べて手数料がやや高くつきます。相続人との間で後々になってもめないように、資産家はしっかりと納得して契約することが重要です。

信託業法の改正で銀行以外の民間企業でも不動産の信託が可能に

2004年の信託業法の改正により、それまで信託銀行に限定されていた信託業が民間企業に開放されました。これにより、資産家が所有している賃貸マンションなどを金融庁から免許取得、または登録を受けた民間の信託会社に預けて収益を配当として受け取る「不動産管理信託」や建築する前の土地を信託して土地活用で生み出された収益を受け取る「土地信託」が可能となりました。

資産家の相続を含めた相続窓口が広がり審査の厳しい免許を取得した信託会社は現在9社ほどですが、そのなかでもスターツ信託は、不動産のグループ各社の協力を得て、住宅・アパート分野で積極的な展開をしています。

不動産に関わる専門資格者との付き合い方

〈相続対策と称してアパート建築をすすめる税理士は要注意〉

不動産の価格が長期的にみて下がると予測されるときに、多額の借金までしてアパートを建て相続対策を行うことは好ましいとはいえません。

借金してアパート経営するという対策は、建物の経年劣化に伴う市場価値の減価に借金の返済が追いついていかず、長期的にみると相続対策としてはあまり効果がありません。

このようなことを相続対策と銘打って、大手のハウスメーカー各社が主催するセミナーで講演する多くの税理士がいますが、税務上、相続時点での節税効果になるとしても、人口の減少を考えると将来の相続対策になっているか、本当に将来の有効利用になっているかという視点では、慎重な判断が必要です。税制について詳しくても、不動産の実務については疎い税理士は、極力避けることをおすすめします。

〈不動産関連での弁護士の利用の仕方〉

弁護士に関していうと、手数料が比較的高いことが難点です。

また、不動産関連事項で訴訟になった場合には、不動産に詳しい弁護士を紹介してもらい、将来かかるであろう費用の概算を確認して依頼することをおすすめします。

訴訟外で不動産関連の交渉による事案の解決を依頼する場合には、その弁護士が不動産実務に比較的詳しいかを確認し、着手金を支払う場合には、成約しない場合もあるため、後でもめないように納得して支払うことが大事です。

特に不動産関連の資産が金額的に大きい相続手続きの依頼事案は、報酬基準が他と比べて高いので、税理士、司法書士、不動産鑑定士等の報酬料率と比較検討して依頼することをおすすめします。相続人の遺言書の作成については、公証役場で相談に乗ってもらって手続きを行うことも、費用が安く済むので有効です。

〈不動産鑑定士、司法書士、土地家屋調査士の実態〉

不動産鑑定士も鑑定ばかりやっている鑑定士ではなく、幅広く不動産実務の経験を積んでいる鑑定士のほうが有効なアドバイスをしてくれるものです。

都道府県ごとにそれぞれの地方の不動産鑑定士協会がありますので、そこで実務経験のあるコンサルタント系の不動産鑑定士を紹介してもらいましょう。

また、不動産鑑定士協会のなかにカウンセラー部会というものがあるのですが、不動産鑑定士の他に不動産カウンセラーの資格を持っている人は、実務経験の極めて豊富な人だと判断できます。

また、国交省所管の不動産コンサルティング技能資格も持った宅地建物取引士は、よく実務経験を積んでいる人が多く、相談する不動産コンサルタントとしてすすめたいと思います。

その他、司法書士や土地家屋調査士も不動産の有効活用では重要な役割を担います。このうち司法書士は、数年前に100年ぶりに司法書士法の改正があり、その役割が大きく変わりました。従来は、文字どおり司法の書士的な仕事だったのが、登記識別情報を一手に引き受けるようになったのです。

かつて不動産を所有すると権利書が発行され、どんな家庭でも権利書を厳重に保管していたはずです。それがなくなり登記識別情報になったわけです。

この変更に際して司法書士は手数料を見直しました。不動産売買に関して、本人確認ができる唯一の存在として力を発揮できるので、報酬額も高くなっています。

ところが、不動産登記については、自分で勉強して登記できないわけではありません。もちろん業として行うと司法書士法違反になりますが、自分のために行うことは何の問題もありません。

土地家屋調査士については、三角測量方式と呼ばれる方式で不整形な土地の測量に力を発揮していましたが、今は機械がやってくれます。ですから、広大な敷地を除けば、土地の測量も少し勉強すれば自分でできるものです。

ただし、隣接地との境界に関するトラブルが生じたときは、経験豊富な土地家屋調査士でないと解決できないケースがあるので注意が必要です。土地家屋調査士に依頼する場合は、司法書士とは少し異なり、地元で評判の良い経験豊かな人に頼むのが一番です。

税務署とはどのように付き合えばいい？

「税務署との付き合い」というと、業者や士業とは質が異なる面が多々ありますが、私は何でも気軽に相談すべきと考えています。

たとえば、毎年の所得税の確定申告です。資産家の多くは税理士任せにしていますが、むしろ、税務署に任せてしまうような感覚でよいでしょう。

アパートを経営していると、家賃滞納者への対応で、弁護士費用の他、交通費などのさまざまなお金がかかります。それらもすべて経費に入れるといった「経費の感覚」を持つことも大切です。


税務処理の面では、アパート経営者などで家賃の滞納額を未収計上してしまっている人もいます。その場合は、むしろ未収で計上せずに、実収益があったときに計上して申告・納税したほうが混乱しなくて済むでしょう。「未収」といっても、結局は収益として計上できないこともあるからです。

要は、青色申告を含めて個人でアパート経営を行っている人は、法人経営と同様に考えて経理処理を漏れなく行うことです。

さらに、アパート・駐車場経営等の各種不動産事業を行っている方は、不動産市場調査等のため、国内外への研修旅行をするケースがあります。その際は、航空運賃等の交通費明細、不動産研修目的、現地での打合せ内容等を整理し経費として処理することをおすすめします。

また、相続税に関しても、通常税務署は土地については税務署が決めたその年の路線価、建物については固定資産税評価額を基礎にして算出します。

しかしながら、相続税法では不動産は相続時点での時価で評価することになっているので、土地について地形が悪い、崖地等の減価要因が多いなどの場合や、建物についても建物が古く市場性がなくなって固定資産税評価額よりも時価が低くなっているケースが多く見受けられます。その場合、少し手間と費用がかかりますが不動産鑑定士等の専門家に鑑定書等を作成してもらい、正しい相続申告と節税を図ることをおすすめします。

［第5章］

正しい運用法を知れば不動産から確実に利益を生み出せる

不動産・有価証券・現金は、5：2：3で持つのが理想

日本国内において、相続財産がどのような内訳となっているのかを国税庁発表の資料により少し見ておきましょう。少し古いデータですが、2014年度分の相続税の種類別取得財産価額の総額が約12兆4086億円に対して、次のようになっています。

・土地は41・5％の5兆1469億円
・現金・預貯金等は26・6％の3兆3054億円
・有価証券は15・3％の1兆8966億円
・家屋・構築物は5・4％の6732億円
・その他は11・2％の1兆3865億円

なお、この国税庁の数字は生命保険を「その他」の財産として処理しています。

年により増減はありますが、このように相続財産の内訳（割合）はほぼ一定しているのが現状です。すなわち、不動産関係が5割程度、有価証券は2割弱、現金が3割弱となっているのです。

もし、この相続財産を一人の人間のものと考えると、どのようなことがいえるでしょうか。その人の財産のうち、土地、家屋・構築物で50％弱、有価証券で20％前後、現金・預貯金で30％前後ということになります。それが、日本の相続財産の全体像ということになるわけです。多くの人が相続税を意識していますが、実際の対策を取っている人は決して多くはありません。そうだとしても、一定の相続対策を取った結果がこのような数字・割合になって現れてきます。

この数字を前提として、私も資産は「不動産：有価証券：現金＝5：2：3」くらいの比率で所有するのがベターだと考えています。実数が明確ではないので断言はできませんが、ちょうど国税庁が「その他」の財産のカテゴリーに入れた生命保険などを「有価証券」に加えたほどの割合です。

土地の有効活用が大切だといっても、財産を土地ばかりで所有していると流動性に乏しく、換金するのにも時間と手間がかかり日々の生活を考えれば現実的ではありません。一方、財産を現金ばかりで所有していると、流動性もありますが不動産と違って評価減がなく、現金そのものに課税されてしまいます。生命保険など、後述するように生前贈与を意識した保険の場合は、換金性の面で融通が利きません。株式ばかりで所有していると経済状況によって、またその株式を発行している企業の業績によって大きく価値が上下します。今回の新型コロナウイルスのようなことが起きれば、株価は乱高下し、高齢者の財産活用ということを考えると、まさしく心臓に悪い資産です。

一つひとつを取り上げれば、このように資産には各々メリット・デメリットがあります。今後もさらなる相続税の増税が必至です。相続人のことを思えば、資産家は元気なうちに流動性の低い不動産を現金化し、相続財産に占める現金の比率を少しでも上げておくことをおすすめします。また、事前の各種贈与対策も有効です。

では、現金は絶対額として、どの程度持っておくべきなのでしょうか。いくらあっても不安なものですが、相続人が相続税を支払える金額+αです。+αというのは2倍くらいというのが理想です。たとえば相続税額が1000万円くらいになるとすれば、現金は最低2倍の2000万円くらいは持っておいたほうがよいでしょう。相続税額が3000万円なら、6000万円ぐらいは持っておいたほうがよいわけです。

日本のREIT市場は徐々に成熟し投資商品として認知されるように

REIT《リート》とはReal Estate Investment Trustの略で、不動産投資信託と訳されます。端的にいうと、投資家から信託された財産を不動産に投資する金融商品です。日本でも2001年からJリートという名称で導入され、一般の不動産投資よりも小口でリスクが少ないといった理由から徐々に浸透して今では立派な金融商品になってきました。

Jリートは、不動産会社や総合商社などが設立した不動産投資法人が、投資家から集めた資金を元手に複数の不動産を取得して、その不動産が生み出す賃料などの収入を投資家に分配する仕組みです。

不動産投資法人が投資家から資金を集めるために発行する有価証券は「投資口」と呼ばれ、一般企業の株式に相当します。

投資口は証券取引所に上場し、証券会社を通じて誰もが売り買いすることができます。

Jリートの特徴は、利益の90％以上を配当することを義務付けられているため一般的に株式に比べて、高い分配金を出していることです。

不動産市場が活況となった2006年後半から2007年にかけて外国人投資家が積極的に投資し、Jリートの価格は上昇しました。サブプライムローン問題が深刻化した2007年後半には海外資金が一斉に引き揚げたため騰落してしまいましたが、その後徐々に持ち直し、ここ数年は、貸出先の確保に苦労する地方銀行が、中・長期の運用商品として積極的に投資する動きが目立っています。

Jリートの運用不動産は、オフィスビルや商業施設、住宅などが中心でしたが、大型物流施設への投資、高齢化の進展に伴い老人ホームや介護施設などに投資するヘルスケアリートのほか、ホテルや旅館、地方への投資も可能となり多様化しています。

不動産に強い大口の資産家は、不動産に直接投資することをおすすめします。Jリートといえども株式市場の影響を大きく受けやすく、不動産への直接投資のほうが株式市場の影響を受ける度合いが少ないからです。

最新のJリート（REIT）の市況

今般の新型コロナウイルスの影響で、この2020年4月頃より、家賃の減免交渉に乗り出す企業や個人が増えてきました。

不動産を保有して賃料などの収入を投資家に分配する不動産投資信託であるJリートでは、特にホテル系の最大手で実際に免除に応じる例が出てきており、さらに減免の動きは、商業施設にも同様の理由で波及していくものと思われます。

2020年5月中旬の東京市場では、ホテル系リート最大手インヴィンシブル投資法人の投資口価格（株価に相当）が24％下落しました。

2020年6月期の1口当たりの分配金予想を30円としたためです。2019年12月期の1725円に比べなんと98％減り、激変することになります。

新型コロナウイルスの影響で、内外の宿泊客が極端に減り、賃料が払えなくなったのが理由です。

Jリートに限らず不動産業界では、今、新型コロナウイルスの影響でテナントの収入が減った場合に、家主も賃料を減免してある程度負担を負わざるを得ない状況になっています。

不動産証券化協会（ARES）によると、上場リートの約60銘柄が保有する不動産の総額はこの2月末時点で約19兆円。家賃収入は2019年度の1年間で約1兆1000億円あり、マーケットは拡大していました。

イオンモールやイオンリテールは、この4月、運営するショッピングセンター（SC）に出店するテナントの賃料の大幅な減免を実施しました。

今後、商業施設系で同様の減免が多く出て、Jリートや投資家側で株価に相当する投資口価格がしばらくの間下落し、市況が回復するのは時間がかかるものと思われますので、資産家の方は、その対応に注意を払っていただきたいと思います。

私の意見では、ある程度知識を持った資産家・投資家の方は、前述のとおりJリートの投資は避け、直接不動産に投資することをおすすめします。

民泊の現状と今後の動向について

住宅の空き部屋を有料の宿泊施設にできる住宅宿泊事業法（民泊新法）が2018年6

月に施行されて2年を迎えました。

それまでは、2016年頃から、訪日外国人観光客の大幅な増加から民泊市場はヤミ営業を含めてオリンピック開催に向けて、活況を呈し、急激に拡大したのはご存じのとおりと思われます。

ところが、今般の新型コロナウイルス禍と、オリンピックの1年延期による訪日観光客の激減により、その需要はなくなり、国内外のキャンセルが続出し、民泊の事業は、壊滅的打撃を受けているのが現状です。

日経新聞の調査によると、訪日観光客に人気の観光地大阪の中心部では、コロナ禍前はインバウンドの利用者が8割を占めていましたが、国外からの渡航が制限された頃から稼働率は10％台に落ち込んでいるようです。

観光庁の発表によると、全国ベースでは、2020年2～3月の民泊宿泊者数は17万5485人、半年前の2019年8～9月に比べ半減しました。

今後、民泊事業者は、さまざまな需要の掘り起こしに努力すると思われますが、しばらくは、民泊向けから、安くても一般の賃貸に変更する動きが出てくるものと予想されます。

また、国内居住の外国人および、外資系の社員を中心に都心を避けて郊外に住む需要が増え、郊外で長期滞在してテレワークをする「ワークステーション」としての民泊施設の需要が増えていくものと予想されます。

民泊用不動産の真のメリットは、利回りよりも売却のしやすさにあります。一般の賃貸の場合、借地借家法による制約があるため、オーナーがいくら売却したくても一方的に賃貸借契約を解除することはできません。しかし民泊であれば、その運用をいつでもやめることができ、売却したいときにいつでも完全所有物としての相場価格で売却が可能です。単純に儲かるということではなく、物件の売却時を考慮すれば、民泊での運用は大いに検討する価値があるのではないでしょうか。

利用者が増えるリバースモーゲージ

近年、資金不足から「リバースモーゲージ」を利用する資産家も増えてきました。自分の持ち家を担保に銀行から融資を受けて自宅をリフォームし、民泊や貸家にして収入を得ているケースです。年齢が高くなり、新たにローンを組むのが難しくなった人に特に向いています。

リバースモーゲージは、200年ほど前からフランスでヴィアジェ(viager=終身)と呼ばれる身寄りのない高齢者に多く利用されてきた独自の売買システムが元になっています。日本では東京スター銀行がパイオニアとして古くから実績を上げており、大手都市銀行も力を入れるようになりました。

リバースモーゲージは、次のような人にメリットがあります。

①有料老人ホームへの入居を検討している
②不動産を売却しないで相続対策をしたい
③リフォーム資金の借り入れが難しい
④年金だけでは今後が不安
⑤地主から底地売却の打診を受け、購入したいが余裕資金が足りない

ただし、リバースモーゲージは都市部に近い通勤圏内の土地が対象となるため、担保価

値の低い物件には向いていません。

旧耐震マンション、都が容積率緩和で建て替えへ

東京都は、老朽化したマンションの建て替え促進のため、容積率を2017年度に緩和しました。

1981年5月までの「旧耐震基準」で建てられたマンションが対象で、建て替え後に戸数を増やせるようになり、再建築のため民間デベロッパーが参画しやすくなります。

東京都の調査では、都内には約5万3000棟の分譲マンションがあり、このうち旧耐震基準のマンションが約1万2000棟に上ります。これらの建て替えが進めば全国の自治体にも波及して、既存不適格の建築といわれている古いマンションの市場価値にも影響し、旧耐震であっても立地の良い良質なマンションは人気が高まることも予想されます。

ただし、容積率緩和は各区の条例で決められますが、日影規制は建築基準法で規制されるため建築基準法を優先しなければなりません。容積率が緩和されても日影規制が緩和されず、新しく建て替えても同じ面積が確保できない場合がある、ということです。特に日

影規制が厳しい住宅地域では、特例で緩和を認めなければ、あまり効果がないと思われます。

そのため、これから旧耐震のマンションを購入するのであれば、日影規制の緩い商業・準商業地域で立地の良い物件をおすすめします。

将来価値が確実な不動産に積極的に買い替える

不動産を積極的に買い替える手法はこれまで説明してきたとおりですが、では、「将来価値が高い不動産」とは、どのような物件のことをいうのでしょうか。首都圏を例に、あらためて考えておきましょう。

首都圏ではこの新型コロナウイルスによる景気の後退により、2021年にオリンピックが開催されたとしても、大幅な景気の回復は見込めないと思われます。しかしながら人口の増加が見込める首都圏は徐々に需要は回復してくると思われます。そこで、そのような好立地にある将来価値が高いマンションとはどのようなものかを例示すると、一般的には次のようなことがいえます。

①中古でも良い物件がある。無理に新築を狙わなくてもいい

一般的な傾向として、中高層のマンションは価格下落率が低いとされています。ワンルームマンションであれば、投資用物件が多く、割高で販売されているため築年数が数年でも価格が2割、3割下落する物件が多いのですが、通常のマンションの場合、立地が良ければ需要が多いため下落率が低いのが実態です。つまり、自分が住むにせよ、家族に生前贈与するにせよ、また、賃貸に出すにせよ、築年数による価格の下落についてはさほどこだわらずに済むということになります。

むしろ、ここ2~3年の建築費の高騰時に建てられた新築物件はコストが高く、割高感があるので、住む人の利便性を考えると、周辺地域のなかでも先行して利便性の良い土地に建てられた中古物件のほうが優れているともいえるのです。

②都心の好立地に建てられたマンションを選ぶ

日本全国には中高層のタワーマンションと呼べるものが、約1500棟あるといわれています。その多くは首都圏にありますが、一つひとつの物件を見ていくと、交通や買い物

の利便性に多少の難があったり、デベロッパーや建築会社に難があったりするケースもないわけではありません。

どのようなマンションの将来価値が高いか、となると、できるだけ一等地、つまり都心のなかの人気のあるエリアに建っている物件を選ぶのも一つの手です。湾岸地域なら、そのなかでも一等地と呼ぶべき地域です。

中高層のマンションの評価は人それぞれでしょうが、デベロッパーや建築会社の総合力が問われるのも事実です。買い替えるのであれば、予算の問題はクリアできているはずですから、積極的に都心のなかの利便性に優れ、かつ立地の良い地域の物件を選ぶことが下落率を考えても得な選択になるのです。具体的には、人口が増えている港区、渋谷区、中央区、千代田区、目黒区など、立地条件の良い地域のマンションをおすすめします。

③その地域を象徴するような物件を選ぶ

細かく見ていくと物件の選び方はさまざまな要素があるのですが、結局のところ選別の基準は、「その地域を象徴するような物件を選ぶ」ということに尽きます。

湾岸地域でいえば、中央区佃、港区港南、江東区有明や豊洲などにはタワーマンションが林立しています。そうした地域で物件を選ぶ基準は何かというと、信用のある大手デベロッパーが建てたブランド力のあるマンションです。その地域を象徴するような物件は、結局のところ最も下落率が低く、販売会社の管理も充実しているからです。

不動産は生き物、売買はタイミングが重要

前述したとおり資産価値の下がりにくい好立地の土地は、不景気でも不動産価格は下落しにくいものです。そのような立地条件の良いところに建っている中古マンションは古くなっても人気があります。市場価値が維持され、高値で取引されているためです。その面から考えても無理に新築マンションだけを狙う必要はありません。

たとえば、東京都港区の広尾駅の近くに、大手デベロッパーが１９８０年代に分譲した広尾ガーデンヒルズという立地条件の良い大規模マンションがあり、２０２０年現在も中古マンションとして人気です。約30年前とほぼ同価格で取引され、新築マンション並みの価値を保っています。

中古であっても新築であっても、重要なのは売買のタイミングです。現在の価格の動きや将来予測を見極めつつ、売買のタイミングをとらえることが大切になります。

これからの資産家は、不動産を生き物としてとらえて、より機を見るに敏の姿勢で賢く資産を運用し、かつ利用していったほうが、資産価値の維持ができ自分と家族が幸せになれると思います。

ここ数年、首都圏では、建築資材の値段や労務費などが高騰し、土地も2019年まで値上がりしていたので、よほど希少価値のある物件以外は、新築マンションの購入を控えたほうがよい状況が続いていました。今般の新型コロナウイルスによる世界的な景気の悪化による需要の減退のため首都圏の地価も下落し、これまで高騰してきた建築費の下落、地価の下落によって新築マンションがより安価で市場に売りに出されるでしょう。

こうしたことから、購入するならこれから2～3年の間の不動産の値ごろ感が出てきてからです。今後の資産家は思い切った決断が必要となるでしょう。

売却する場合には、あせらずに景気が回復するまで粘り強く待つことも大事です。

マンションの買い替え・購入は相続税対策としても得策

遊休地や郊外の空き家を積極的に処分して、首都圏にある利便性の高いマンションを購入することは、資産の有効利用としても、将来のさらなる増税に備えた相続税対策としても有効です。

保有資産のうち、現金・有価証券比率が高い資産家には特におすすめできます。

結論を先に言うと、こうした資産の組み替えで賃貸にすることで、相続税評価額を2割程度下げることができ、相続人の生活に余裕ができることとなります。

現金は、相続の際には現金の額そのままで評価されますが、不動産で所有すれば相続税評価額が下がります。土地については時価よりも2割以上も低い路線価方式で評価され、かつ、建物についても実際の市場価値よりも2～3割以上低い固定資産額相当の評価になり、相続税の節税につながるということです。

この資産の組み替えは、これから人口が減少していくなかで極めて重要になります。地方や郊外の遊休地にはそもそも賃貸需要がなくなってしまう可能性が高いので、借金をしてまでアパート賃貸住宅を建築することは、非常にリスキーだと言わざるを得ません。

マンション高層階の増税に注意

２０１７年４月１日より、20階建て以上の高層マンションについて、高層階の固定資産税が引き上げになりました。相続税評価額についてもこれに準ずるものと考えられます。

いわゆるタワーマンションなどの居住用超高層建築物（高さ60メートルを超え、複数階に住戸がある建物）を利用した節税は、取引価格と評価額の差によるものでした。しかし固定資産税と相続税が見直されたことで、高層階は取引価格と同じように評価額も高く、低層階は低くなり、上層階の大きな節税効果がなくなってしまいました。

これは、２０１７年４月１日以降に販売される新築マンションから適用されています。なお、既存の高層マンションの固定資産税・相続税は現行制度のままであるため、それ以前に売買された高層マンションの20階以上の市場価値は、逆に上昇することが予想されます。

20階以上の高層マンションは建築規制の緩和により、1999年から東京・大阪・名古屋の三大都市圏で急増し、すでに全国で1200棟を超えています。

思い切って地方の土地を首都圏の立地の良いマンションに買い替える

前述のように、収益を生み出していない地方の広大な土地を処分して首都圏の立地条件の良いマンションを購入する……このような資産の組み替えは、現在の資産の有効利用としても、将来の相続対策としても有効です。

その一例として、郊外の一戸建てを処分し、都心の中高層のタワーマンションを購入するケースを考えてみましょう。結論を先に言うと、こうした資産の組み替えにより収益物件にすることで、生活に余裕ができるうえに、相続税評価額を大幅に下げることができるのです。

相続税評価額を下げるには、まず、財産を現金や預金で持っているよりも、不動産として持っておくほうが有利です。不動産で所有していれば、土地については、普通は路線価をもとに評価額を算出するので、おおむね8割程度の評価となります。また、建物については、普通は固定資産税の評価額が適用されるので、その額はおおむね価格の5～7割程度にはなるでしょう。

高さ60メートルを超え、耐震性を図るための性能評価を義務づけられた中高層のタワーマンションの場合では、固定資産税の評価額はどうなるでしょうか。当然ながら、中高層のタワーマンションは総戸数が多く、土地の評価額は床面積に応じて配分されるので極端に小さくなります。たとえば、都内一等地の中高層タワーマンションにあるワンルームや1LDKクラスの部屋の場合、年間の固定資産税額が10万円未満というケースもあるのです。これをまったく知らない人は「東京の一等地だから固定資産税も高いのだろう」と思うかもしれませんが、現実はまったく異なります。驚くほど税額が低いのです。

なお、建物の評価額についても同様です。総戸数の床面積全体から各戸の床面積に応じて配分されるので、評価額は低くなります。

相続税評価額では、日当たりの良さ、眺望といったものは反映されないので、条件の良い不動産を買うほど、分譲価格と相続税評価額の差が大きくなります。それだけ相続税対策につながるのです。

もし、中高層のタワーマンションの高層階を購入し、賃貸に出すことができれば、借家扱いになり、さらに相続税評価額を引き下げることができます。賃貸用の土地の「小規模宅地等の特例」を使うと、200平方メートルまでなら5割の評価減ができます。

こうした特例をフルに活用すれば、相続税評価額は分譲価格から大幅な減額となるケースもあります。

なお、前述のとおり高さ60メートル（20階）を超える居住用タワーマンションは、2017年4月1日より取引価格と同様に高層階の固定資産税は高く、低層階の固定資産税は低くなっているので注意が必要です。すでに販売済みの物件には適用されません。

［第6章］

60歳以上の資産家のやるべきこと

資産家の大敵・認知症

資産家は所有不動産を売却等するときは、動産と異なり、登記をしなければいけません。その際、登記を司法書士に依頼する際、売主の本人確認をしますので、本人が明らかに認知症で意思確認ができない場合は、取引が成立しないことになってしまいます。

特に、最近では、高齢者になった資産家が家族の意向を含めて売却したくてもできず、大きな社会問題になっています。

したがって、不動産を所有する資産家は、元気なうちに、所有不動産の将来の各方針を事前に決めておくことをおすすめします。

誰でも人間は「ピンピン・コロリ」人生を望んでいても、認知症はある日突然やってきて、しかもなってしまった後の進行が早いので、家族がおかしいと感じたときには、家族は早いうちに家族会議を開き、専門家と相談して、各資産について遺言書の作成、家族信託の設定、不動産の売却等の相続対策をまとめる必要があります。

特に、認知症は一度、発症してしまうと現代の医学では回復することが困難な病気ですので、不動産を所有する資産家にとっては極めて発症してはいけない病気です。

認知症の現状と将来

本当に不動産を所有する資産家は認知症の問題を正確に理解しておく必要があります。

世界保健機関の報告（2012年）によれば、世界の認知症有病数は、およそ3560万人に上り、2030年までに、2倍の6570万人、2050年までに3倍の1億1540万人に増えると予想されています。

日本では、厚生労働省の発表によると、65歳以上の高齢者のうち認知症を発症している人は推計で2012年時点で約460万人だったのが、2025年には約730万人へ急激な増加が見込まれています。

認知症とは、さまざまな原因で脳の細胞が死んでしまったり、働きが悪くなったりするためさまざまな障害が起こり、物事を考えたり、判断したりすることも困難で支障が出る状態ですので、資産家にとっては不動産の運営ができなくなる恐ろしい病気です。

特に親から財産を継承した資産家を含め、余裕のある資産家は、60歳を過ぎてのんびりと過ごしている方が多いため、認知症（脳の退化）にかかりやすい傾向があります。そのため、どんなに余裕のある資産家でも常に意欲を持ち、自分の目標を持ち続けて生きていくことをおすすめします。

筆者も一昨年頃より人の名前と出来事について忘れてしまうことが増えたため、好きなワインを深く勉強したいと思い、昨年ソムリエ試験にチャレンジし、おかげさまで合格しました。これによって脳の調子が良くなり、物忘れの現象がなくなってきました。

資産家は必ず「エンディング・ノート（未来ノート）」の作成を

60代になったら、認知症になる前の元気なうちに、自分の考えを家族に残すことを、恥ずかしがらずに行うことが大事です。特に子どもがいない場合には、生前の元気なうちに不動産の処分を含め、方針を決め、配偶者にも説明しておくことをおすすめします。

エンディング・ノート（未来ノート）は、普段家族となんとなく話している要望も含め、次の事項は最低書き残しておくことが家族に対するマナーだと思います。

①自分の経歴について

特に出身地と本籍地は正確に残し、戸籍謄本は必ず取り寄せておくこと。学歴（小・中・高・大学）、職歴、資格・免許にも触れておきましょう。配偶者や子どもたちは意外と忘れていることが多いので、自分の旧戸籍謄本（除籍謄本）と現在の戸籍謄本が役に立ちます。

②好きなことについて

好きなスポーツ・音楽・映画・食べ物・趣味等を思い出、ユーモア付きで書き残すことで、残された家族にいつまでも自分の印象が感謝の形で残りやすいです。

③家系図・親族について

古い家系図があればベターですが、なければ、祖父母兄弟姉妹の住所、生年月日は書き残しておきましょう。①で触れた戸籍謄本、除籍謄本等を市町村役場から入手すれば、過去100年前後の家系図を作ることが可能と思われます。
特に、親族の住所録は、万が一に備えて最新のものに整理しておきましょう。

④家族・親族へのメッセージ

資産家は特に相続人の争いが起きやすいので、自分の気持ちを残すことで、遺言書がなくてもトラブルの解決に役立つ場合があります。

⑤友人へのメッセージについて

特に、友人・知人の住所録は日頃より整理しておくと家族に迷惑をかけないで済みます。

⑥病気や介護について

特にステージの高い重たいガン等の病気にかかったとき告知を希望する、延命治療はしてほしくないなどに触れておくと家族は安心します。

また、認知症になったときなど、どこで最期を迎えたいかを書き残すとベターです。

⑦財産について

意外と資産家はいつまでも生きていたい願望により長生きすると勘違いしている人が多いので、不動産・預貯金・株式等の有価証券・生命保険・損害保険・その他の貴金属等の明細を整理しておくこと。

また、借入金・支払ローンの明細は漏らしやすいので、直近のものを整理しておくこと。

特に、長男以外の方は、日頃から配偶者、家族と率直に話し合っておくことをおすすめします。

高齢の資産家が所有不動産について元気なうちにやっておくべきこと

高齢の資産家は、どうしても相続のことが頭から離れません。価値のある不動産を持っているならば、どのように遺産分割、相続したらよいかと思い、もし価値のない不動産を持っているならば、その資産を相続することで配偶者や子に迷惑をかけたくないと考えるものです。

そこで、そのような高齢の資産家が元気なうちに取り得る対策をここで整理しておきましょう。重要なポイントの一つは、「所有不動産の地域分析と将来の予測をしっかりと見極めること」です。

不動産の価格、価値がどのような要因で決まるかについては第2章でお伝えしたとおりです。その要因に照らして、自分自身の所有している不動産の価値が上がるかどうかを一つひとつ見極めていくのです。

今般の2020年1月以降に発生した新型コロナウイルスによる世界的な経済的混乱から景気の回復がなされるまでは、首都圏およびその近郊地方圏ともに需要の減少から土地価格は横ばいになっていくものと思われます。

しかしながら、首都圏では、第2章で述べた多くの都市再開発プロジェクトが開始され、マクロ要因として人口の増加傾向にあるため、しばらくはコロナ要因で停滞したのち、景気の回復とともに土地価格は上昇に転じるものと思います。

さらに首都圏近郊の中部圏までの地域は、リニア中央新幹線の2027年以降の新駅開設で経済と土地価格に大きな影響を受けます。

なお、このことは首都圏側の起点の品川近辺だけでなく、新駅が設置される予定の相模原、甲府、飯田、中津川、名古屋にもいえることです。従来、人口が増えてきた地域とはいえないだけに、新駅が設置されて期待は高まっても、不動産の価値としては高くはならず期待外れということも起こり得ます。これまで東海道新幹線の駅があり、ビジネスホテル需要が高かった地域の不動産が徐々に値下がりしていくことが起こるかもしれません。一つの事象でも要因はさまざまな面に波及するので、一概に期待していいとはいえないのです。

不動産は所有から利用することで将来を楽しく生きる最大の武器になる

相続税をはじめとして、固定資産税などの税制は資産家にとって、どんどん厳しいものとなります。相続税、贈与税などの資産税は所有しているだけで負担しなければならない税制ですから、不動産は所有し続けるのではなく、利用すべき時期に入ったともいえます。

これからの不動産への対応では、「所有するより利用する」ということがとても重要なテーマになります。

これまで所有していた資産家でも、企業経営者であれば企業が社宅として借り上げればよいのです。お金のある経営者は、法人を使って定期借家、定期借地のマンションを購入してもよいのです。定期借地期間が50年の土地では税法上注意が必要ですが一定の条件の下では土地も償却が可能です。定期借家であれば、建物も償却できます。50年で償却がすべて済むので、所有し続けるより好都合なのです。

ある所で所有していた土地が高く売れた場合には、その収益を有効に利用して、生きている間に使って、元気なうちに相続対策をしていく。そのように、所有から利用への切替えを考えていくことが相続対策にもなります。

高齢の資産家の場合は、不動産利用方法について、将来的な判断として有料老人ホームの利用を選ぶ人もいるでしょう。できるだけ介護サービスの行き届いた老人ホームを選ぶことは、高齢の資産家にとってこれまでの土地・不動産の有効活用の集大成という面もあります。何も使わず、活用せず、土地も金融資産もそのまま相続するのは、本人にとっても、相続人にとっても決して幸せなことではありません。

介護付き有料老人ホームの平均的な月額費用は30万円弱です。安いところでは月額10万円弱のところもあれば、月額100万円近いところもあり、値段の差がサービスの差に直結していないケースもあります。

では、どのような有料老人ホームを選べばよいか、いくつかのポイントを挙げていきましょう。

①立地

居住する本人にとっても家族にとっても利便性の高い一等地は当然ながら価格が高くなり、その額の高さは月額費用よりもむしろ入居一時金に反映されます。予算次第ではありますが、入居一時金が高くても結局、立地で選んだほうが本人・家族にとって幸せな面があるのです。

②中古物件のリフォームも

有料老人ホームが増えるにつれて土地所有者に建物を建ててもらい、それをホーム運営会社がサブリースする方式や、ビジネスホテルやマンションなどの中古の建物を完全にホーム用に改装するケースもあります。その方式の場合は、入居一時金の額が極端に低く、ゼロか数十万円ということもあります。

入居する場合は、そういった理由で入居一時金が低く設定されているという事情を知っておく必要もあるでしょう。その分、介護サービスがどのように充実しているかを判断する一助ともなるからです。

③人員体制

当然のことながら、介護職員が多いとその分コストがかかり、月額費用が高くなる傾向があります。概算ですが、要介護者二人に介護職員一人だと月額費用は10万円台でも、それが要介護者一人に介護職員一人だと月額費用は50万円以上になるという状況です。このように、人員の充実度合いが月額入居費用に大きく影響していることも理解しておくべきです。

いくつかの判断尺度はありますが、それを踏まえつつ「どのようなサービスを受けたいか」という視点でチェックしてみることが大切です。

資産家としては、自分が入居する老人ホームを検討する一方、そういう老人ホームのオーナーになる手法もないわけではありません。老人ホーム用に土地を貸したり売却したりするケースは、超高齢社会のなか全国で需要が高まっています。

立地としては公共交通機関の利便性よりむしろ駐車場がしっかりとあるほうが好まれますので、たとえ「交通の便が悪くて、売るに売れない」と思っている土地でも有効に活用できるのです。

贈与の特例法で有効な相続対策

私は生命保険の専門家ではないので詳しい説明は省きますが、生前贈与が良いと考える場合にも、生命保険の他にもさまざまな手法があり、いろいろとやりようがあるのです。土地活用は第3章で述べたとおりですが、その他、「住宅取得等資金に係る贈与税の非課税措置」の活用も考えられます。住宅資金を贈与する際に活用できる非課税制度で、住宅取得等のために資金を贈与した年の翌年3月15日までにその資金を受贈者が居住する家の新築や取得・一定の増改築等のために使い、実際に住んだ場合に、一定額が非課税となります。２０２０年までに贈与した場合は、省エネ住宅で１２００万円、その他の住宅で７００万円までが非課税です。

また、不動産に限ったことではなく、生前贈与して「相続時精算課税制度」を活用する方法もあります。贈与した際の課税を相続時まで繰り延べるという趣旨で、この制度を使えば、２０２０年まで省エネ住宅が３０００万円、その他の住宅で２５００万円（消費税10％の場合）までなら贈与時の税金が課税されません。

この相続時精算課税制度は贈与する側からみると、生きているうちにはっきりとした意思のもとに自分の財産を引き渡すことができます。特に不動産については、将来、不動産の価格が「上がってきそうだ」という場合は早いうちに贈与しておいたほうがいいという考え方もできます。ただし、一度制度を利用すると、取り消すことはできないので、慎重に検討することが必要です。

最も良くないのは「家族皆が幸せになることは何か」ということを考えたり話し合った

りせず、何も実行しないことです。それは、不動産も有価証券も現金も、いわば宝の持ち腐れ状態で、錆びた刀にしてしまうことなのです。ぜひとも、家族皆で話し合うこと、それが難しい場合には自分自身が「何をもって家族の幸せとするのか」について明確に意思を定めておくことでしょう。

新型コロナウイルス等の危機に備え資産の一部は「金」で保有を

少額投資非課税制度（ＮＩＳＡ）が２０１４年からスタートしました。これは１２０万円までの株式投資や投資信託にかかる値上がり益や配当金（分配金）が非課税となるもので、相続税対策の一つとして有効です。

ただし、バランス良く資産を持つといっても、紙の資産には信用リスクがあります。大手の金融機関に相談すると、どうしてもその金融機関の取扱い商品に引きずられてしまうこともあるので、冷静に判断したいところです。

私が、この資産バランスの保ち方としておすすめできるものの一つに「金」があります。金は換金性そのものといってよく、インフレに強く、世界情勢が不安定なときに相場が上がるといった特性を持っています。金は、10年先・20年先を見据えた長期的な財産保全の手段に適した実物資産といえます。金額的には200万円未満であれば、販売会社による税務署への届出・報告義務も不要です。

金というと相場の乱高下が激しく、敬遠する向きもありますが、実は世界の資産家にとっては財産の持ち方のスタンダードなのです。日本人はとかく財産としてのモノは土地だけと考えがちですが、土地だけがモノではありません。金は財産のバランスを不動産に偏重させたくないと考える人にとっておすすめなのです。

金を資産として保有する場合、以下の基本的知識を身につけておいてください。

①金の価格は、海外市場の相場に連動して毎日変動しています。相場価格は田中貴金属工業等の公認の金取扱業者に確認すればすぐわかります。
②金の売買には消費税がかかります。
③金の売却で得た利益は、譲渡所得として課税されます。税率は保有期間が5年以内の

場合と5年超の場合とで異なります。

④非課税枠を超えて贈与されたり、相続した金については、贈与により取得した日、あるいは相続発生時点での時価で評価され、課税の対象となります。

資産家は、現金と同様に相続人一人当たり年間110万円までの非課税枠を利用して、毎年金を購入のうえ贈与していくことをおすすめします。

特に2020年6月に入って金の国際価格が続騰し、約7年8カ月ぶりの高値をつけました。新型コロナウイルスの累計感染者数は、この6月時点で187の国と地域で900万人を超え、景気回復が想定よりも大幅に遅れるとの見通しから低金利政策が長期化するとの見方が強まり、金利のつかない金を買う動きにつながったものと思われます。

遺産分割でもめない知恵

相続税は、財産を持つ人が他界し、相続人が他界した人（被相続人）から財産を譲り受けた場合に、相続人に対して発生します。一方、相続人・被相続人ともに「どう対処すると家族皆にとって幸せなのか」と考えるのが、「遺産分割協議」です。この遺産分割協議は被相続人が生きている間に行ってもいいのですが、亡くなった後に行うケースも多いものです。後者の場合は、遺言書があれば、その内容を前提に協議することになるでしょう。

ところで、ここ数年、この遺産分割での事件の受理件数が増えています。調停と審判の合計件数は、10年前までは1万件程度であったものが、2010年代に入り1万3500件前後で推移しています（最高裁判所「司法統計年報（家事事件編）」より）。このことは、相続において、相続税の問題以前に遺産分割そのものでもめているケースも多いということを示しています。ですから、相続税の負担をどう減らすかといったことを考える前に、遺産分割でもめないようにしておくことが、家族皆で幸せになるには大切だということもできます。

通常、被相続人の他界の後、7日以内に死亡届を提出し、遺言の有無を確認して3カ月以内には相続の放棄などを確認して相続人が確定します。そして、被相続人の他界から4カ月以内に被相続人の所得税の申告と納付を済ませ、相続財産の評価を行って遺産分割協議書を作成し、被相続人の他界から10カ月以内に相続税の申告と納付となります。ですから、遺産分割協議書は被相続人の他界から半年後をめどに話し合って作成するものですが、もっと早い段階で正式な協議書ではなくとも、家族で話し合い、実際に分けていくことをおすすめします。

実態として、相続時の財産は前述のとおり土地が多いはずで、その分割については、第3章で述べた資産の組み替えを被相続人の生前から積極的に行うことができます。資産の組み替えによって、生前に相続人に対して財産を渡してしまうわけです。その際は、「共有」という資産の渡し方は絶対に避けるべきです。配偶者と三人の子がいて、ある不動産を別の不動産へ組み替えるのであれば、4カ所の不動産に組み替えるのが最も効果的な手法です。

私のところに相続問題で相談に来る人の多くが、不動産を共有にしたためにもめ事を起こしてしまっています。相続前に皆で相談して不動産鑑定士の意見を聞きながら共有をやめてそれぞれが単独所有にすべきです。不動産の数があまりなく、共有にした場合でも、元気なうちに被相続人が遺言書のなかで「相続後共有財産を遅滞なく市場で売却し現金で分ける」等の具体的な内容を決めておくべきだと思います。

そのうえで補足的に加えるとすれば、生命保険を使って生前贈与を積極的に実施しておくのもよいでしょう。たとえば、子が父を被保険者とする死亡保険に加入し、父が他界した場合に死亡保険金を受け取るという方法です。

流れとしては、まず、父が子に現金を生前贈与し、子は贈与された現金で「契約者は子、被保険者は父、死亡受取人は子」となる生命保険に加入します。こうした形態の保険の場合、死亡保険金は子の一時所得になります。

遺言書は公正証書による遺言がおすすめ

資産家は、元気で判断力がしっかりしているうちに、遺言書を残しておくべきです。特に、公証役場にて公証人と相談しながら作成する公正証書遺言は費用もリーズナブルで公証人が内容をチェックし、証人となっているので相続人が後でもめるケースが少ないと思います。今般、相続法が改正され、2020年7月より「自筆証書遺言」は登記所で預かってくれる制度になりました。

一般的な遺言書は遺言者が自ら全文・日付・氏名を記載して、捺印のうえ保管します。費用をかけずに一人で簡単に作成できる点がメリットですが、知識不足のため作成内容に不備があると相続人の間でもめるケースが多いというデメリットもあるため、注意が必要です。

一方で公正証書遺言は、遺言者が希望する内容をもとに、専門家である公証人が遺言書を作成し、その原本を公証役場で保管するものです。

具体的には、公証人の面前で、自分が選んだ推定相続人・受遺者・配偶者・直系血族等以外の証人二人以上を立会人として遺言の内容を口述し、それを公証人が正確に整理・文書化して遺言者と証人が確認します。そのうえで遺言者・証人・公証人が署名捺印して作成終了します。

公証役場に原本が保管されるため、紛失や改ざんのリスクがありません。また相続発生後、直ちに執行できる点も大きなメリットです。

資産家には民事信託が有効

認知症対策としても効果があり、重要性が増している「民事信託」の活用について触れておきましょう。

前述した信託銀行との付き合い方で「遺言信託」についてお伝えしました。信託の方法としては信託銀行が扱うことが今日の主流ではありますが、最近は「民事信託」も使い勝手が良いと注目が集まっています。ですから、資産家が元気なうちに、民事信託ができないかどうかを検討することもおすすめします。

信託には、信託銀行が信託業法に則して行う信託とは別に、信託業法に依らない信託もあり、それを民事信託と呼んでいます。従来、信託法として存在していた制度ですが、数年前から徐々にニーズが高まり、法整備とともに、今は民事信託推進センターなどの社団法人なども設立され、普及が進んでいます。

ごく簡単に説明すると、信託とは「受託者が、委託者から移転された信託財産を信託契約、遺言などに基づいて信託し、その信託の目的に従って財産の管理などを行うこと」です。すなわち自分自身が財産の管理や処分を行うのではなく、受託者が行うことになります。その行為を業とする場合には、信託業法の規定に従って行っていたわけです。

信託を行えば、その財産について委託者が持っていた所有権が、財産から生じる権利を受け取る受益権に変わり（財産権の性状の変更）、いわば委託者の所有権が受託者に移るということになります。

この信託を「営業・事業」として行うには前述のように信託業法の制約を受けて免許が必要なのですが、営利目的ではなく、反復した業務ではなく1回だけ行う場合には免許は必要ありません。すなわち信託銀行などに頼む必要もありません。

民事信託とはそのような信託のことです。自分の財産を管理してもらったり、承継してもらう際には、自分で1回、営利目的以外で頼むのであれば民事信託でよいということになります。

たとえば、資産家の子どもを社員とした、資産家の不動産を民事信託するためだけの法人を設立して民事信託を行えば、不動産を売買するよりも所有権の移転登記の登録免許税を大幅に減額でき、不動産の取得税もかかりません。不動産の信託では通常の売買などの場合と比べて登録免許税や不動産取得税が非常に低くなっているのです。売買の場合の登録免許税は通常、財産の価格の2%かかるのですが、民事信託では0・4%になっています。また、売買の場合の不動産取得税については4%（土地と住宅の場合は3%）ですが、信託では課税されないのです。

これにより、たとえば土地1億円ほど、建物1億円（非住宅）ほどであれば、売買ではなく民事信託とすることによって、登録免許税、不動産取得税が1000万円規模の差額になります。要は相続の発生前にきちんと民事信託しておけば、大きな節税効果が得られるわけです。

この民事信託の委託者は資産家本人ですが、受託者や受益者は資産家の配偶者、子ども、さらに資産家本人という設定も可能です。その設定に基づいたスキームに沿って行えば、節税だけにとどまらず不動産の維持管理などについて共有より問題も起きにくく、いわゆる、「争族」の防止、資産価値の維持・向上にもつながります。

数は決して多くはないものの、民事信託を利用する資産家も徐々に増えてきました。多くは信頼できる司法書士からアドバイスを受けているようですが、私もアドバイスする例が増えています。今後の法整備の動向によって対応を微修正する必要があるかもしれませんが、資産家が「無益な家族の争いを防ぎ、税金に悩むことも少なくなり、皆が楽しくハッピーに暮らせる方法」として、ぜひ考慮に入れておくべき制度でしょう。

「財産を使い切る」という発想を持つ

私は税務の専門家ではないので、個別の税制の活用について語る立場にはありません。ですから、たとえば相続税をはじめ他の税金についても、「納めるべきものはきちんと納めるべきだ」と考えています。日本で暮らす以上、日本人である以上、日本の社会が決めたことを守るのが筋だと考えているのです。

そのことが、本書で税制のことについて深入りしない理由の一つでもあります。税制がどうなるから節税策としてはこれがよい……などと、日本の社会として決めたことに小賢しく策を弄して対策を練るのは、時間のムダとさえ感じているのです。

もちろん、相続税の節税策として、贈与での２０００万円の配偶者控除を活用したり、住宅取得資金の贈与の非課税枠を活用したり、相続時精算課税の選択や教育資金１５００

万円までの一括贈与の非課税枠を活用したり、さらに土地活用では小規模宅地等の評価減の特例を活用したりなど、さまざまな節税策があることは私自身もよく理解しているつもりです。ただ、そうした節税策だけに考えをめぐらせ、思い悩み、時間を取られるのはムダなことだと考えているだけです。そこに時間を取られ、思い悩むくらいなら、積極的に生前から贈与していくべきではないでしょうか。

再度強調しますが「財産を使い切る」という発想を持つべきです。人生の後半では、不動産をはじめとした資産をできるだけ有効に活かして使い、人生を楽しみ、そして、もし残った財産があれば、それを相続人が仲良く相続したり、そのときの税法に則って税額を計算し、相続人にきちんと納税してもらったり、その対応だけでよいのではないでしょうか。あと、何十年か人生があるはずなのに、今の税制について一喜一憂するのは本質的なことではないように思うのです。

ただし、今多くの人が抱えている負担、また負担に思うその気持ちを、後世に継がせるようなことはすべきではありません。そのために大切なことは負担を感じないように前向きに不動産をはじめとした資産を使いこなし、楽しく生きる道を選択することなのです。

そのとき、不動産はこれまでは「売るに売れない、処分できない」と思っていたものでも、最大の武器となります。錆び付いて抜けないと思っていた刀が、鞘から抜いてみると、伝家の宝刀といえるようなものに変わっていくのです。

将来を楽しく生きるために、有効に活用できない不動産はありません。まさに、不動産を所有から利用に変えていく。その発想の転換が大事なのです。

相続より生前贈与で安心させ残りは自分で使い切る

相続というと、相続税をどうやって納めるか、どれだけうまく節税できるかなど、相続税の問題に焦点が集まりがちです。しかし、相続問題＝相続税問題ではありません。私自身、相続税など国が決めたものは、あまり小手先の節税にあれこれと思い悩むことなく納めるべきだと考えています。

むしろ重要なのは、自分の財産をどのように自分の代で活用して人生を楽しむか、ということです。その結果、財産が残ったのであれば、その財産に対応する相続税を相続人が納めればよく、もし、子や孫の代に少しでも財産を渡すことが自分の人生の楽しみであるなら、相続など待たずにどんどん贈与すべきなのです。3代先、4代先にも財産を残したいという考えは、大事ではないとはいいませんが、日本全体の先の見えない状況を考えると、今がいちばん大事であるといえます。税金についていえば、今の税制に対応しても、3代先、50年後、100年後の税制に対応できる保証はどこにもありません。だからこそ、「今、自分の人生を楽しみなさい」とお伝えしたいのです。

子どもたちを自分たちで苦労して教育してきたと思い、そんな自分たちを褒めてあげなければいけません。そうすれば子どもたちも親の背中を見て、ありがたみを感じて立派に育っていくのではないでしょうか。結果的に、子どもたちの相続争いも少なくなっていくものだと思います。

私が強調したいことは、不治の病とされていたがんも早期の治療によってほとんど治り、元気を取り戻せる病気となっています。ところが前述したとおり、認知症というのは、知能低下により夢や希望を持つことすらできない体になってしまう恐ろしい病気です。

是非、資産家は元気なうちに、ある程度家族に配慮したうえで、残りの資産については今までの人生でやり残した夢と希望に向かって具体的な目標を立ててそれに使ってほしいと思うのです。

　そのようにすることで、脳が活性化され、同時にバランスの取れた年齢にふさわしい体づくりと相まって、認知症にかかりにくくなり、本人にとっても、家族にとっても幸せになる特効薬ではないかと思います。

　後は必ずお迎えがくる日まで「ピンピン・コロリ」でいられれば最高の人生ではないかと思います。夢と希望に向かっての目標テーマは人によりさまざまですが、60代になったら元気なうちに考えて、チャレンジしていただきたいです。

　また、余力があれば、今までの人生でともに歩んできた妻にも同様のチャレンジをすすめていただければ子どもたちも喜び、賛成してくれることでしょう。

おわりに

　不動産コンサルティング会社の経営者として、多くの資産家の方のコンサルティングやアドバイスをしていると、自分自身の不動産との出会いに思いを巡らせることがあります。私がなぜ不動産コンサルティングを仕事にすることになり、本書を執筆しようと思い至ったか、少し昔話をさせてください。

　私は1943年、鎌倉にて5人兄弟の末っ子として生まれました。戦前までは、北海道の大地主であった先祖・祖父のおかげで恵まれた生活を送っていた家系です。ところが、戦後間もなく過酷な財産税と父の破天荒な浪費癖で家は財産の多くを失ってしまいました。母はその後、肺結核にかかり、そんな家庭環境のなかで私も決して真面目とはいえない少年時代を送っていました。

　転機になったのは私が中学1年のときのことです。母の病気が手術により奇跡的に回復し、暗かった家が太陽のような明るさを取り戻したのです。私も自然と改心し、自分で言うのも僭越ですが、よく勉強するようになりました。学業の成績は見違えるほどによくなり、それを訝しむ先生にカンニングの疑いをかけられ、職員室で同じ内容の再試験をさせられた覚えもあります。

こうして県立の鎌倉高校を経て慶應義塾大学に入学しました。この大学時代に、不動産業との出会いがあります。父の散財で余裕があるとはいえなかった我が家の家計、家族を助けるために私は苦心しました。そこで大学2年のときに宅地建物取引士の資格を取得。兄弟の授業料の捻出のため、夏休みのたびに、父の実家のある北海道に、借地人に対して長屋の貸宅地を売りに行っていました。

始めてみると、ほどなくして不動産を扱う面白さに取りつかれました。自ら知識を身につけ、仕事が成功するごとに自信が深まっていきます。将来は不動産に関わる仕事がしたいと思うようになるのも、私にとっては当然のことでした。

大学卒業後、不動産の仕事がしたくて三菱信託銀行（現・三菱UFJ信託銀行）に入行。最初の10年は本店不動産部にて各不動産業務を経験し、その後米国ロサンゼルス支店に配属となり、米国に通算10年滞在するなど、国際融資・国際証券業務・米国年金等の貴重な経験もできました。不動産に限らないこうした経験が、今の仕事の基礎になっていることは間違いありません。そして米国三菱信託銀行の社長・会長を経て、帰国して間もなく会社を円満退社しました。同時に若い頃からの夢であった独立を目指して、英国で約３００年の歴史と実績を持つ世界的不動産専門のコンサルティング会社と日本で合弁会社を設立し、社長として数年間で運よく軌道にのせることができました。

その後、多くのコンサルティング経験をベースに、現在の自分の会社を設立して約30年、おかげさまで法人・資産家の皆さまから信用を得られるようになりました。皆さまには感謝の気持ちでいっぱいです。

振り返ってみると、もし家が裕福なままだったら、今の仕事はしていないかもしれません。父の代で没落していく家の姿は、記憶のなかに鮮明に残っています。せっかく先祖が築いた資産を、戦後の財産税や不在地主としての不動産没収があったものの、大半は無計画に失い、しなくてもよかったかもしれない苦労を家族が背負い込むことになりました。

このようなことはあってはならないと今でも強く思います。だからこそ資産を持つ人ほど正しい知識を身につけ、常に資産の有効活用を図ってほしいのです。この願いが、私のコンサルティングの原動力であり、本書執筆の動機でもあります。

いくら資産があっても、資産家が努力を怠ってしまえばいつ塩漬け状態になって失われてもおかしくはありません。資産を食いつぶし、また他人に騙されるような目には誰にも遭ってほしくありません。そのために不動産の正しい知識を身につけ、学び続け、後悔のないように不動産を有効利用してもらいたいのです。

今般の新型コロナウイルスによる人間への感染がまたたく間に世界に広がり、東京でのオリンピックが来年に延期になりました。

日本でも4月に入り感染者数および死者数の急激な増加により、国は緊急事態宣言を出しました。三密の制約により、飲食業、ホテル業、観光業などを中心に業績が大幅に悪化し、この上半期はリーマン・ショック以上の景気後退に突入しました。

この5月下旬には緊急事態宣言が解除されましたが、多くの専門家が2〜3年経っても大幅に悪化した日本経済の回復は難しいのではないかと悲観的な意見を述べています。

今後新型コロナウイルスが徐々に収束していくなかで世界経済の回復が長引くかもしれ

ません。一方、日本の新型コロナウイルス対策は、都市封鎖などの強制力を持つ措置を取らず、欧米などに比べて感染者数や死者数を大幅に抑えることに成功しました。また、来年にはオリンピックも開催されることから、国民が一致団結すれば、日本経済はV字回復を果たし、世界に注目される国になるのではないかと予想しています。

したがって日本の不動産市況も、首都圏を中心に、一時的な需要の減退から不動産価格は下落するものの、経済の回復とともに徐々に回復するのではないかと予想しています。そんな激動の世界情勢、不透明な日本経済と複雑に絡み合い、日本の不動産市場も大きく変化していくものと考えられます。

また、日本の人口が徐々に減少していくなかで、資産を今後、どのように活かして暮らしていけばいいのかと悩む方々にとって、本書が少しでも参考になれば幸いです。お付き合いいただき、ありがとうございました。

最後に、仕事といまだにうまくならないゴルフ、昨年はソムリエ試験合格を理由に毎日ワインの飲酒に明け暮れて、家庭を顧みない私を許してくれる妻に、感謝の気持ちをあらためて記します。

2020年8月

相馬耕三

相馬　耕三（そうま　こうぞう）
1943年生まれ。東京アーバンコンサルティング株式会社代表取締役社長。1965年、慶應義塾大学法学部政治学科卒業。1967年、同大学法学部法律学科卒業後、三菱信託銀行入社。本店不動産部配属となり、不動産仲介・鑑定・開発・各種コンサルティング業務に従事する。その後、米国ロサンゼルス支店融資課長、次長、本店国際不動産コンサルティング業務担当部長等を歴任し、1991年に米国三菱信託銀行（ニューヨーク）会長兼社長に就任。1995年、英国系国際不動産コンサルティング会社である日本ナイトフランク株式会社代表取締役社長に就任。1997年に東京アーバンコンサルティング株式会社を設立、現在に至る。不動産鑑定士（国家資格）、不動産カウンセラー（日本不動産鑑定士協会連合会）、宅地建物取引士（国交省所管）、不動産コンサルティング技能資格（国交省所管）、元不動産専門調停委員（東京地方裁判所所属）。

本書についての
ご意見・ご感想はコチラ

改訂新版
塩漬けになった不動産を優良資産に変える方法

二〇二〇年八月二八日　第一刷発行

著　者　相馬耕三
発行人　久保田貴幸
発行元　株式会社　幻冬舎メディアコンサルティング
〒一五一-〇〇五一　東京都渋谷区千駄ヶ谷四-九-七
電話〇三-五四一一-六四四〇（編集）
発売元　株式会社　幻冬舎
〒一五一-〇〇五一　東京都渋谷区千駄ヶ谷四-九-七
電話〇三-五四一一-六二二二（営業）
印刷・製本　シナノ書籍印刷株式会社
装　丁　田口美希

検印廃止

Printed in Japan　ISBN978-4-344-92927-2　C0033
幻冬舎メディアコンサルティングHP　http://www.gentosha-mc.com/